NEWSPAPER RUSSIAN

The author

John Slatter, B.A. (Cantab.), M.Soc.Sci. (Birmingham), Ph.D. (London), FRSA, member of the Humanitarian Academy of the Arts, St Petersburg, is Lecturer in Russian in the Department of Slavonic Studies, University of Durham.

NEWSPAPER RUSSIAN

A VOCABULARY OF ADMINISTRATIVE AND COMMERCIAL IDIOM

With English translations

John Slatter

UNIVERSITY OF WALES PRESS
CARDIFF
2000

© John Slatter, 2000

British Library Cataloguing in Publication Data.
A catalogue record for this book is available from the British Library.

ISBN 0-7083-1634-4 paperback
     0-7083-1633-6 hardback

All rights reserved. No part of this book may be reproduced, stored in a retrieval system, or transmitted, in any form or by any means, electronic, mechanical, photocopying, recording or otherwise, without clearance from the University of Wales Press, 6 Gwennyth Street, Cardiff, CF24 4YD.
www.wales.ac.uk/press

The right of John Slatter to be identified as author of this work has been asserted by him in accordance with the Copyright, Designs and Patents Act 1988.

Typeset at the University of Wales Press
Printed in Great Britain by Dinefwr Press, Llandybïe

INTRODUCTION

Scope and purpose

The Russian press has undergone huge transformations in the years since the death of Konstantin Chernenko in early 1985. Every change at any level in Russia in the supervening period has been reflected in its press. Перестройка (Perestroika) has been followed by the economic 'cold shower' of early post-communism and then by the less dramatic but still inexorably transforming period of reform under successor prime ministers and presidents: all these have wrought tremendous changes in Russia's political landscape. In particular the relatively free elections have been reported on in detail in the local and national press although with more interest in personalities and personal lives (the age of компромат – kompromat or compromising material) than might be the case elsewhere. The ongoing struggle between the president and the government on the one hand and the Duma on the other has received considerable, even obsessively detailed, coverage in the Russian press. The fluctuating relations between the various political parties in the Duma have been an additional focus of attention, although the title of 'political party' must be in doubt: it is certainly difficult to devise a definition of political parties which would cover both the great ideological blocks seen in Western political life and the factional groupings, usually dominated by a single individual or small group of individuals, of the Russian Duma. Interestingly, of late the 1920s term 'faction' (фракция), with its somewhat negative overtones, has been revived to describe these groups. Finally there has been a great deal of interest, understandably, in the influence of groups and personalities outside the sphere of politics proper: the

Introduction

'oligarchs' of the large corporations – especially media owners – with their inevitable political demands, and the 'family' (including some 'oligarchs') in the president's entourage.

Much of the coverage of the Russian economy in Russia's press has concentrated, often in mixed fascination and horror, on the root-and-branch changes which it has undergone. The economy, despite complaints from various quarters at the slowness of change, has still been privatized at an unheard-of rate. Ownership of the Russian newspaper and periodical press has therefore also been transferred largely into private hands. In turn, ownership of the economy as a whole has been a major preoccupation of the writers and editors of Russia's newspapers and magazines. Not least important here are the relations between the newspapers and various political groups, and between the newspapers and various members of the 'oligarchy' of the rich and powerful, often thought to exercise an undue influence on events.

Changes at the levels of the polity and the economy have also been reflected, albeit in a less certainly predictable manner at the time of writing, in Russian society. To the former three 'non-antagonistic classes' of Soviet society – workers, peasants and employees – has been added a class without a name, the 'new Russians' (новые русские), the entrepreneurs and traders of post-Chernenko Russia, recruited in part from moonlighting state employees, in part from the old Communist Party élite and in part from the young, newly emergent into the brave new Russian world of work and ownership, wealth and power. The question often asked, whether there has been created or has grown in size a Russian 'middle class', can begin to be answered affirmatively. Key groups of professionals of the sort which form the core of the middle classes of Western Europe, notoriously doctors and teachers, may not have sufficient earning power to feel full identification with the new Russia, but the middle earners of Russia nowadays – from executives and lawyers down to stall- and booth-keepers – are starting to emerge as a group broadly supportive of the new order even if, as yet, they do not have a solid group identity or 'class consciousness'.

Introduction

All these developments have been reflected in the new Russian press: its conditions of production, its owners' and employees' outlooks, its main fields of interest, and its readers' expectations. Many organs have not survived or have survived only in a radically altered form. Who, in the mid-1980s, would have predicted that *Известия* would be, not the official journal of a rubber-stamp 'parliament', but one of the leading liberal organs in the country? Who would have said that *Правда*, once the mighty mouthpiece of the ruling party, would ever experience serious financial problems and declining circulation? Who could have listed even the titles of the most respected papers of the present day: *Сегодня, Коммерсантъ* and *Независимая газета* – still less those of their 'tabloid' companions, *Московский комсотолец, Совершенно секретно* and the like? Who would have predicted that such titles as these, and numerous others less respected than them, would come to rely to an overwhelming extent on advertising, including numerous small ads, for their revenue? Who could have foreseen the enormous growth in the size, importance and variety of the provincial press, comprising upwards of 10,000 titles at a mid-1998 estimate?

Neologisms and foreign borrowings

As a result of all of this change around them, Russian newspapers and magazines have changed beyond recognition in both style and content. The political vocabulary has widened to include all the linguistic means necessary to describe that open political battle, whether during election campaigns or during Duma sessions, which has replaced the stifling conformism of Communist politics in the years of stagnation. Some of this has been borrowed from abroad, mainly the Anglo-Saxon world (парламент, спикер) – unlike earlier periods when Russian borrowed from French or German. However, increasingly of late there has been a tendency to 'nationalize' political vocabulary (болото, управленец), with many expressions creeping back from the pre-Gorbachev Soviet

Introduction

period (шефство, стихийный). The vocabulary of 'бизнес', the new Russian economics, has had to be sourced largely from English as that is the international language of business.

Anglophones should not assume that widespread borrowing from English necessarily makes linguistic life easier for them. Borrowings are often employed with different meanings, and even sounds, from their originals in British or (more often) US English. 'Cottage' gives котт'едж, but коттедж does not denote a small rural dwelling: a коттедж is the suburban home, often with several garages and quarters for servants and security staff, of the 'new Russian' businessman and his family. (Note that this is not likely to be a businessperson: there is little sign yet of anti-women attitudes disappearing, while downsizing of firms and institutions has often led directly to an increase in the numbers of Russian housewives. As the Russians still say, рак не рыба, а баба не человек.) An increasing number of Russian words now end in -инг. Бр'ифинг and л'изинг seem straightforward enough. But beware of the apparent rule that lays the stress on the syllable before -инг, thus giving монит'оринг. For those aware of the restressing of borrowings into Russian – истеблишм'ент and кредит'ор for instance – this will be gloomily familiar information.

A further caution: many headwords are not defined in their full range of meanings. This is not a dictionary of the Russian language as such. Newspaper language does comprise some specialized words rarely found outside the press, but it also includes many more words used in senses different from those employed in common language. For instance, I have not thought it necessary to provide a definition of арест in relation to persons, whereas its use in relation to objects, in particular to property, is more specialized and unexpected: it is therefore defined in that meaning. Sentences are used, according to the house style of the series, to illustrate the meanings of the headwords. These sentences are taken from the press of the last few years. Most relate to Russian politics, though some examples are about other

Introduction

areas and subjects. I have changed personal names cited in the originals both in order to avoid reproducing potentially actionable statements and also, optimistically, so as not to confuse future readers for whom Stepashin, Kirienko, Primakov and company may be unfamiliar names.

The 'New Russia' and its press

The 'new Russians', as well as owning the press, have supplied a large part of its subject matter (rather as, in classic Hollywood, life as lived by film actors and producers formed a disproportionate amount of their films' subject matter). The 'seriousness' of the pre-Gorbachev press has been superseded by a widening of interest to areas of life previously thought trivial or irrelevant: prurient interest in the life of celebrities and the wealthy, which in the Western press would almost certainly attract the attention of the libel lawyers; detailed and bloodily frank reporting of crime; fascination with sport carried over from the Soviet period; and a new enthusiasm for the entertainment world, especially at its 'pop' end, etc. Much of this is treated with an attitude which makes the tabloid press elsewhere seem the soul of discretion and sensitivity.

Precisely because it is both a barometer of the public mood and, directly or indirectly, decisive in forming society's ideas and opinions, the Russian press is deeply interesting and worthy of study. It is the author's hope that this book will make that study easier and that interest more widespread.

It is assumed that the user of a book such as this will already have a knowledge of basic Russian grammar, including inflections. The headwords include many rarer words or neologisms, and in addition a considerable number of frequently used words which have acquired rarer or more specialized meanings related to their use in those matters frequently dealt with in Russian newspapers. The same is true of a number of phrases or expressions which, while present in common language, enjoy a special or greater

Introduction

currency in newspaper speech (such as 'wild horses would not drag', 'pouring oil on fire', etc.). These more frequently used words and phrases are also given here since much of 'newspaper language' is also, or will soon be, common language. In this way, newspapers act as laboratories of language: they pick up and propagate expressions already in use in common language, and also invent those which will soon be adopted into common language. In an analogous way, at the level of thought, they both express existing public moods and initiate changes in public opinion.

What is contained in each entry

Use of sentences, supplying the context for most entries, should eliminate the need for a large part of the semantic information general dictionaries contain. I have tried where possible to find examples which illuminate the definition given at the end of the entry. In a number of cases where an unfamiliar headword is usually or always part of a phrase with familiar words, I have defined the phrase as a whole in italics within parentheses at the end (for example see the entry for ва-банк). Therefore much of the usual matter contained in dictionary entries is dispensed with (transliteration of the headword, semantic categorization, field and register labels, etc.). There is one departure from the usual style of this series, demanded by the peculiarities of the Russian language itself, in particular its highly mobile stress system with which students of Russian at any stage will be ruefully familiar: that is, that the stressed syllable is indicated for all headwords, but not in the example sentences. Each entry therefore consists of:

(1) the stressed headword(s) with stress shown as the syllable following the apostrophe – apart from ё which is always stressed – in bold;

Introduction

(2) very brief lexical notes on the headword(s) in ordinary type and parentheses;

(3) the example sentence(s) in normal type with the headword(s) picked out in bold;

(4) the translation of the word in italics and within parentheses, and defined *in that context* (for example, if in the sentence the headword is plural then in the definition it will also be plural).

In keeping with the style of the series, only the minimum of necessary lexical information is supplied for each entry. The imperfective infinitive of verbs, where available, is given first. Where only one infinitive is given, its aspect(s) is/are indicated. Unless indicated otherwise, verbs take the direct object accusative. Headwords derived from other headwords, such as nouns derived from adjectives, are treated as separate from their 'parents'. The exception is for participles, which have been treated as separate headwords only where their meaning(s) seemed to me to be sufficiently distinct from those of their 'parent verbs', that is, where they have attained the status of adjectives or nouns. I dare say that this flexibility will have led to the usual quota of inconsistencies – though I hope none really confusing – and ask for readers' forbearance for both this and any glaring omissions, which I have naturally striven to avoid.

Russian alphabetical order

Knowing the order of the Russian alphabet will be a considerable help in using this dictionary as a reference work. The order of the letters in the modern Russian alphabet is:

А, Б, В, Г, Д, Е, Ё, Ж, З, И, Й, К, Л, М, Н, О, П, Р, С, Т, У, Ф, Х, Ц, Ч, Ш, Щ, Ъ, Ы, Ь, Э, Ю, Я

Introduction

Conventions and abbreviations

The following conventions and abbreviations are used throughout:

'	precedes the stressed vowel in the headword, (as in **аудит'ория**)
(acc.)	accusative case
(adj.)	adjective
(adv.)	adverb or adverbial expression
(dat.)	dative case
(f.)	feminine noun
fig.	figuratively
(gen.)	genitive case
(impers.)	impersonal verb
(impf.)	imperfective (aspect or infinitive)
(indecl.)	indeclinable
(inst.)	instrumental case
lit.	literally
(m.)	masculine noun
(n.)	neuter noun
(p.p.)	past participle
(pf.)	perfective (aspect or infinitive)
(pl.)	plural
(pr.)	prepositional case
(prep.)	preposition
(r.)	reflexive verb
US	American usage
[ ]	encloses matter which may be omitted.

А

ав'анс (m.): Долги зарплаты выплачены до апреля, а теперь ждём **аванс** на май (*advance payment*)

авар'ийность (f.): У нас в стране **аварийность** на дорогах в этом году достигла небывалых размеров (*accident rate*)

автоматиз'ация (f.): Начальник **автоматизации** и коммуникаций Новосибирсквнешторгбанка (*automation*)

автоотв'етчик (m.): Он включил **автоответчик** и послушал сообщения (*answering machine*)

агрег'ат (m.): Вот как вывозятся автомобили или крупные **агрегаты** (*units*)

'адрес (m.): Обвинения в **адрес** Президента со стороны Думы не всегда оправданы (*aimed at*)

'адресный (adj.): Использование средств господдержки угольной промышленности является более или менее **адресным** (*appropriate*)

ажиот'аж (m.): Продажа акций в большой промышленной фирме сопровождалась **ажиотажем** (*hoo-ha, hype*)

активиз'ация (f.): Правительство РФ стремится прежде всего к **активизации** экономической деятельности (*activation*)

акт'ивы (m. pl.): Возникла опасность, что кредиторы, не получив деньги, будут претендовать на **активы** банка: недвижимость, автомобили, ценные бумаги и т. п. (*assets*); **амортизируемые активы** (*depreciating assets*); **легкореализируемые активы** (*liquid assets*); **рабочие активы** (*working assets*); **чистые активы** (*net assets*)

акцион'ерный (adj.): Пока что он остаётся президентом **акционерной компании** «Системы» (*public limited company*)

акцион'ирование (n.): Что мешало при **акционировании** объединить завод с сотней других строго режимных предприятий в какое-нибудь РАО «Русские ракеты»? (*share-creation*)

'акция (f.): Приватизация – это продажа **акций** государственного предприятия (*shares*); Губернатор предпримет какую-то политическую **акцию** (*act*)

амб'иция (f.): Премьер всё равно вылетел из Белого дома в тот самый момент, когда Кремлю показалось, что у него только что появились **амбиции** не по рангу (*ambitions*)

амн'истия (f.): В честь сегодняшнего праздника Президент объявил **амнистию** (*amnesty*)

анал'итик (m.): Объясняя причины, побудившие Запад начать боевые действия против Югославии, наши **аналитики** подчёркивают довольно экзотические версии (*analysts*)

ан'алог (m.): Пора уже полностью отказаться от использования бюджетных средств на закупки импортных товаров при наличии российских **аналогов** (*equivalents*)

аннекс'ировать (impf. and pf.): Марокко, бывшая испанская колония, была **аннексирована** королём Хасаном II в 1974 году (*annexed*)

анн'ексия (f.): **Аннексия** Западной Сахары марокканским государством произошла в 1974 г. (*annexation*)

аннул'ировать (impf. and pf.): В своём иске АРБ просит **аннулировать** указ Президента от 25 августа (*quash, cancel*)

антид'емпинговый (adj.): Американцы угрожают нам введением **антидемпинговых** санкций в отношении ввозов продукции русских сталелитейных заводов (*anti-dumping*)

антимоноп'ольный (adj.): Меры предлагаются самые разные, от продолжения кампании по «зачистке» бензинового бизнеса налоговыми и **антимонопольными** службами до ограничения экспорта сырой нефти (*cartel-busting*, [US] *trust-busting*)

апелл'ировать (impf. and pf.): Кандидат **апеллирует к** достаточно широким слоям населения (*appeals to*)

апелл'яция (f.): Адвокат намерен подать **апелляцию** в соответствующие инстанции (*appeal* – see also **обжалование**)

ар'енда (f.): Один из главных расходов любого бизнеса — это **аренда помещения** (*renting of premises*)

ар'ест (m.): В настоящий момент не исключён даже **арест** части региональной собственности (имущества предприятий-должников) (*sequestration*)

ассигнов'ание (n.): В бюджет развития включаются **ассигнования** на финансирование инвестиционной и инновационной деятельности (*allocations, appropriations*)

аудит'ория (f.): **Аудитории** людей средних лет нравится больше всего бывший премьер (*'audience'*, i.e. section of the electorate)

аукци'он (m.): Начинается сегодня новый раунд **аукциона** фирмы «Роснефти» (*auctioning-off*)

аутс'айдер (m.): Вторая часть проблемы — как помочь **аутсайдерам** за счёт лидеров (*outsiders*)

аффили'ировать (impf. only): Ни банк, ни **аффилиированные** с ними российские структуры на сегодняшний день, оказывается, владельцами акций завода уже не являются (*affiliated*)

Б

б'азовый (adj.): После экономического кризиса прошлого августа народное хозяйство стабилизировалось и следовательно **базовая ставка** немножко понизилась (*base rate*)

баланс'ировать (impf. only): Алжиро-марокканские отношения уже многие годы **балансируют** на грани войны (*have been teetering*)

баллот'ироваться (impf. only, г.): Министры не собираются **баллотироваться** в Думу (*run/stand for*)

бандформиров'ание (n.): Федеральный центр одну неделю тому назад приступил к широкомасштабному применению авиации в борьбе с **бандформированиями** по всей территории Чечни (*groups of gangsters* – short for **бандитское формирование**)

банком'ат (m.): Все операции получения наличных через **банкоматы** — бесплатные (*cash-dispensing machines*, [US] *ATMs*)

банкр'отство (n.): Иностранные кредиторы настаивают на ускорение процесса **банкротств** проблемных банков (*bankruptcies*)

б'артер (m.): Для того, чтобы иракцы не потратили выручку на другие цели, все расчёты проводились **по бартеру** (*by barter*)

б'егство (n.): Омоновцы только что отрезали банде террористов путь к **бегству** (*escape*)

б'еженец (m.): Цель правительства в конечном счёте — возвращать **беженцев** в свои дома (*refugees*)

безв'ольный (adj.): Нас очень возмущает **безвольная** готовность Кремля отдать экономику страны на позор и поругание настоящему красному правительству (*spineless*)

безд'ействие (n): Министр осудил **бездействие** ОМОНа в отношение манифестации (*inactivity*)

безд'енежье (n.): Многие в России теперь страдают от безработицы и вытекающего оттуда **безденежья** (*lack of money*)

безнак'азанно (adv.): Этот политический деятель, в отличие от своего соратника, которого журналисты сумели оскорбить **безнаказанно**, до сих пор выиграл все подобные иски (*with impunity*)

безнал'оговый (adj.): Богатые европейцы, переселившиеся на **безналоговые территории**, сохранили свои состояния в полной частной собственности (*tax havens*)

безогов'орочный (adj.): Милошевич требует вывода натовских войск из Косова — это его **безоговорочная** позиция (*unreserved*)

безоп'асность (f.): Эти меры предприняты в целях **безопасности** граждан (*safety, security*)

безраб'отица (f.): В связи с ростом инфляции у нас в стране, всё время растёт и **безработица** (*unemployment*)

безуд'ержный (adj.): Падение рубля ведёт к **безудержному** росту цен на бензин (*unrestrained*)

бесперспект'ивный (adj.): Драшкович считает **бесперспективным** союз с той частью оппозиции, которая ориентирована на Запад (*hopeless*)

беспрецед'ентный (adj.): Положение в отношении банков **беспрецедентное** для России (*unprecedented*)

беспроц'ентный (adj.): Заём получаемый от МВФ далеко не **беспроцентный** (*interest-free*)

биорес'урсы (m. pl.): Современное государство должно уметь управлять своими **биоресурсами** (*natural resources*)

биржев'ик (m.): Как **биржевики** отреагировали на недавний ход президента? (*[stock]brokers*)

благопол'учие (n.): Казалось бы, правительство страны, экономическое **благополучие** которой напрямую зависит от мировых цен на нефть, должно всецело приветствовать их бурный рост (*welfare*)

благопри'ятный (adj.): **Благоприятные** экономические показатели по отношению к прошлому году будут сохраняться ещё на протяжении целого ряда месяцев (*favourable*)

благорасполож'ение (n.): **Благорасположение** директора МВФ к России давно известно (*favourable attitude*)

благотвор'ительность (f.): Богатый инвестор решил, что лучше пожертвует все свои деньги на **благотворительность**, чем поделится ими с правительством (*charity*)

благоустр'ойство (n.): Эта возможность называется «общественная работа» и подразумевает **благоустройство территории** и социальное обслуживание (*local services*)

блок (m.): В новом правительстве Евгений Петрович будет курировать **экономический блок** (*the economics team*)

блок'ада (f.): Люди, жившие в Ленинграде при **блокаде**, пользуются разными льготами (*siege*)

блок'ировать, заблок'ировать: Местные власти **заблокировали** банковские счета этих преступников (*have frozen*)

боев'ой (adj.): Уже давно начались **боевые действия** на территории Чечни (*military activity*)

боеспос'обность (f.): Ослабление **боеспособности** Российской армии приводит к снижению порога применения ядерного оружия (*fighting capacity*)

б'ойня (f.): Некоторые наблюдатели уже предвидят конец нынешней **бойне** в Чечне (*slaughter*)

бок (m.): В принципе Президент должен работать **бок о бок с** правительством (*side by side with*)

бол'ото (n.): Самое трудное в выборах – предвидеть, как проголосует **болото** (*don't knows, floating voters*)

больн'ой (adj.): Через год состоится всенародный референдум по самому **больному** для Марокко **вопросу/месту** — о статусе Западной Сахары (fig. '*painful issue*', '*sore spot*')

большинств'о (n.): Из избирателей, **большинство** предпочитает Президента лидеру коммунистов (*majority*)

б'омба (f.): **кассетная б.** (*cluster bomb*); **осколочная б.** (*fragmentation bomb*); **б. с графитовым наполнителем** (*graphite bomb*)

бортов'ой (adj.): На станцию Мир был доставлен новый **бортовой компьютер** (*on-board*)

бр'атский (adj.): В Сербии раскрыли большое количество **братских могил** (*communal graves*)

бр'ифинг (m.): Сегодня состоялся **брифинг** по случаю открытия кремлёвского Большого Дворца (*briefing*)

брож'ение (n.): Но **брожение в рядах** российской компартии было уже не остановить (*ferment, unrest*)

б'уква (f.): В этих делах правительство всегда следует **букве закона** (*the letter of the law*); Если **строго встать на букву закона** (*one stands strictly by the letter of the law*)

бунт (m.): Кризис выльется или в военный переворот или в **бунт** бессмысленный, предсказать пока трудно (*riot*)

бык (m.): Эти бритоголовые «**быки**» — готовые в любой момент с кем-либо драться ('*gorillas*')

бытов'ать (impf. only): Эти сведения опровергли **бытовавшее прежде** мнение об американских поглотителях беззащитного европейского бизнеса (*previously current*)

бюдж'етник (m.): Правительство решило дать повышение в первую очередь **бюджетникам** (*state pensioners and employees*, i.e. those dependent on the state budget)

В

ва-б'анк (adv.): В какой-то степени премьерская команда даже **пошла ва-банк** (*has gone for broke*)

вак'ансия (f.): Каждый, посещающий кадровое агентство, надеется получить **вакансию** (*job vacancy*)

валов'ой (adj.): **Валовой доход** компании увеличивается с каждым годом (*gross revenue*)

введ'ение (n.): Новый закон об употреблении латвийского языка поведёт к **введению** односторонних экономических санкций против латвийского правительства (*introduction*)

ввер'ять, вв'ерить: Первое конституционное обязательство Президента РФ заключается в том, чтобы принять из рук граждан **законно вверяемую** ему власть (*entrusted by law*)

ввод (m.): **Ввод** цифр и букв в компьютер производится при помощи клавиш (*input*); При совершении операции требуется **ввод ПИН** (*typing in of your PIN*)

ввод'ить, ввест'и: Союзники хотят **вводить** нефтяное эмбарго в отношение Югославии (*bring in, introduce*)

в'едомство (n.): До начала конференции состоялся обмен информацией между заинтересованными **ведомствами** (*departments*)

вербов'ать, завербов'ать: Человеком Березовского можно назвать того, кого он **завербовал** хотя бы однажды (*recruited*)

верд'икт (m.): **Вердикт** суда можно либо опровергнуть, либо подтвердить (*verdict*)

верх'ушка (f.): Репертуар столичных театров предназначен на вкусы московской **верхушки** (*élite*); Это только **верхушка айсберга** (*the tip of the iceberg*)

в'ето (n., indecl.): Президент непременно завтра **наложит вето** на действия думцев (*will veto*)

взаимов'ыгодный (adj.): Основа хорошей сделки, это — **взаимовыгодные условия** (*mutually advantageous*); Большую роль в укреплении безопасности России сегодня и завтра будут играть **взаимовыгодные** связи и отношения России и ЕС (*mutually profitable*)

взаимод'ействие (n.): **Взаимодействие** спроса и предложения – это основа любой рыночной экономики (*interaction*)

взаимоотнош'ение (n.): Затягивание переговоров с кредиторами приводит к судебным процессам и напряжению во **взаимоотношениях** со вчерашними партнёрами (*mutual relations, interrelations*)

взаимопоним'ание (n.): Вышеупомянутые разногласия по Косову к сожалению не могли не сказаться сильно на традиционном **взаимопонимании** Франции и России (*mutual understanding*)

взбудор'аживать, взбудор'ажить: Пока что кажутся тщётными попытки **взбудоражить** Сербию митингами, как надеется оппозиция, или стимулировать её кнутом и пряником, как хотят западные политики (*to work up*)

взб'учка (f.): Президент дал министру юстиции **взбучку** за невыполнение своих указаний (*rebuked*, fig. '*hauled over the coals*')

взв'аливать, взвал'ить на себя: В своём выступлении успешный кандидат заявил, что, согласившись **взвалить на себя премьерскую ношу**, он руководствовался только одним – «стремлением к консолидации общества» (*to take on himself the burden of being premier*)

взв'ешанный (adj.): В думских прениях можно слышать и дикие и **взвешанные** суждения (*balanced*)

взв'инчивать, взв'интить: На заправочных станциях Санкт Петербурга начали **взвинчивать** цены на бензин (*raise*, [US] *hike*)

взим'аться (impf. only, r.): Ставка пошлины составляет 5 евро за тонну, если среднемесячные цены на нефть превышают $12,3 за баррель, 2,5 — если цены находятся в пределах $9,8-12,3, и не **взимаются** вообще, если цены падают ниже $9,8 (*is levied*)

взнос (m.): В фонд соцстраха должны идти страховые **взносы** рабочих (*contributions*)

вклад (m.): В провал импичмента внесли свой **вклад** представители всех партий и фракций (*contribution*); Главная черта швейцарского банковского законодательства — полная тайна **вкладов** (*deposits*)

вкл'адчик (m.): Дальнейшую судьбу фирмы решили его **вкладчики** (*investors* – see also **инвестор**)

вкл'адывать, влож'ить: Сумма остатков на корсчетах комбанков в ЦБ превышает 51 млрд рублей, **вкладывать** которые практически некуда (*to invest*); Я не очень понимаю, что сегодня **вкладывают** в понятие «человек Березовского» (*what they mean by*)

включ'ение (n.): Теперь наш корреспондент из Белграда говорит в **прямом включении** (*live insert*)

влад'елец (m.): Теперь всё будет зависеть от того, как поведут себя нерезиденты — зарубежные **владельцы** наших государственных ценных бумаг (*owners*); Те, кто считают себя **владельцами** перемещённых культурных ценностей, могут рассчитывать на что-то (*guardians*)

вл'аствующий (adj.): Статья напоминает о трагических историях «**властвующих семейств**» (*ruling houses*)

вл'астный

вл'астный (adj.): Слухи о здоровьи Президента ходили по **властным коридорам** (*corridors of power*)

власть (f.): Сегодня взоры **власть имущих** постоянно обращены к олигархам (*powers that be*)

влечь [за собой], повл'ечь: Объединение средств Бюджета РФ со средствами частных инвесторов **повлечёт [за собой]** обезличивание государственной собственности (*will entail*)

влож'ение (n.): В стране имеются значительные производственные мощности, которые можно задействовать практически без дополнительных **вложений** капитала (*investing*, i.e. the act of investing, not the funds invested)

вмеш'ательство (n.): Один из основных моментов выступления Премьера — **государственное вмешательство** в экономические процессы в противовес «дикому капитализму» (*state intervention*)

вм'ешиваться, вмеш'аться (г.): Стало ясно, что НАТО готов **вмешаться** в любом месте и в любое время (*intervene*)

внедр'ение (n.): В Миннаце не скрывают, что речь идёт о **внедрении** в Карачаево-Черкесии дагестанской модели управления (*implanting*)

внедр'яться, внедр'иться (г.): Бандитские группы, **внедрившиеся** в чеченское общество, совершают частые атаки и берут в заложники русских и других иностранцев (*which have put down roots in*)

внесение (n.): Лидер коммунистов после **внесения** в Думу **кандидатуры** Премьера заявил, что хотел бы вернуться к политическому соглашению, ограничивающему президентскую власть (*putting forward the candidacy of*)

вн'ешний (adj.): Всё последнее время цена российской нефти на **внешнем** рынке держится на уровне 19-20 долларов за баррель (*external, export*)

внос'ить, внест'и: Резолюция, которую наше страна **внесла** в ООН, не прошла успешно (*moved a resolution*); В провал импичмента **внесли свой вклад** представители всех думских партий и фракций (*made their contribution*)

вн'утренний (adj.): Чечня, это **внутреннее** дело России (*internal*)

военач'альник (m.): Обычно Президент принимает **военачальников** в Кремле (*military leaders*)

военносл'ужащий (m.): Роль **военнослужащих** в решении внутренних конфликтов в России крайне важна (*of the military/soldiers*)

во'енный (adj.): **Военная** авиация является флотом военно-воздушных самолётов (*military*)

во'енный (m., declines like adj.): Нападение на нашу территорию иностранными войсками послужило неприятным сюрпризом нашим **военным** (*soldiers*)

вождь (m.): «Правое дело» — партия без **вождя** (*leader*)

возбужд'ать, возбуд'ить д'ело: Вчера банки облетел слух о том, что Генпрокуратура якобы **возбудила уголовное дело** против российского Центробанка по факту замораживания всех до одной выплат по ГКО/ОФЗ (*has brought a criminal case*)

возвод'ить, возвест'и в лик свят'ых: Интересно узнать, кого Папа готовится **возвести в лик святых**, кто реабилитирован (*canonize*)

возвр'ат (m.): В этом году наступает срок **возврата** долгов по большинству еврооблигационных займов (*repayment*)

возглавл'ять, возгл'авить: Премьер-министр после отставки из ФСБ **возглавил** административный департамент аппарата российского правительства (*headed* [*up* – US])

возд'ействие (n.): Ничто не помешает применить «меры прокурорского **воздействия**» (*pressure*)

возд'ерживаться, воздерж'аться (r.): При выходе из митинга министр иностранных дел **воздержался** от комментариев (*refrained*); Голосовали за Примакова 122, против 1 и **воздержались от голосования** 2 (*abstained*)

возлаг'ать, возлож'ить: Президент **возложил** венок у могилы Неизвестного Солдата (*laid a wreath*); Ответственность за экономические вопросы **возложена на** знаменитого политического деятеля (*is carried by*); Пообещав идеологам территориального передела самое строгое наказание, Кремль **возложил** на Верховный суд России **обязанность** поставить нужную ему точку в этом деле (*imposed the duty of*); Российские власти **возложили вину** за теракты на чеченских боевиков (*laid the blame*)

возмещ'ать, возмест'ить: Государственные гарантии Бюджета развития являются обязательствами РФ **возместить** кредитору часть средств, вложенных в инвестиционный проект (*reimburse, indemnify*)

возмущ'аться, возмут'иться (r. + inst.): Думцы **возмутились** поведением Президента (*were angry / indignant at*)

возмущение (n., + inst.): Министры выразили своё **возмущение** этой варварской акцией (*outrage at*)

возоблад'ать (pf.): Расчёт строился на ненависти Думы к нему. Но в Думе **возобладало** мнение, что нельзя нарушать единство энергосистемы (*predominated*)

возобновл'ять, возобнов'ить: США и их союзники должны быть счастливы, что Россия **возобновила** сотрудничество с НАТО (*renewed, recommenced*)

возрастн'ой ценз (adj. + m.): В российских выборах **возрастной ценз** – 21 год (*age qualification, voting age*)

вопр'ос (m.): Президент РФ сегодня **поднял вопрос о** роспуске Думы (*raised the issue of*)

восприним'ать, восприн'ять: Совет федерации **воспримет** введение чрезвычайного положения как красноречивое предупреждение в собственный адрес (*will perceive*)

восстан'авливать, восстанов'ить: В Югославии предстоит **восстановить** 24 разрушенных и 36 повреждённых мостов (*rebuild*); Впрочем, в «Сибнефти» считают, что этот финансист только **восстановил** справедливость (*has restored*); Его сразу же **восстановили** в должность менеджера (*reinstated*)

восстанов'ительный (adj.): **Восстановительные работы** в Югославии должны начаться уже осенью, потому что иначе республика не переживёт зиму (*rebuilding work*)

восстановл'ение (n.): В своей речи он потребовал **восстановления** в полном объёме прав российских репатриантов (*restoration*); Ругова говорит, что косовцы должны принимать полное участие в послевоенном **восстановлении** этого края Югославии (*reconstruction*)

«восьмёрка» (f.): Одной из иллюстраций к Кёльнскому саммиту **«восьмёрки»** становится фотография главы государства, буквально падающего в объятия своей жены (*the G8*)

в'отум (m.) **недов'ерия**: Задорнов не верит в возможность **вотума недоверия** правительству (*vote of no confidence*)

воцар'ение (n.): Сиди Мохамед (так звали нынешнего короля до **воцарения**) (*accession*)

впечатл'ять (impf. only): Решимость горожан избавиться от туристов **впечатляет** (*is impressive*)

впуст'ую (adv.): Министры сидели, ждали Президента и **впустую** провели день (*to no purpose*)

вред'ить, повред'ить: В конце концов, это дело может **повредить** Абрамовичу (*damage*)

вруч'ать, вруч'ить: Президент **вручил** государственные премии лауреатам (*presented*)

вруч'ение (n.): **Вручение** гражданину повестки в прокуратуру сопроводилось предупреждением прибыть в назначенный час (*delivery*)

все'общий (adj.): Самое разумное, по-видимому, вести дело к пересмотру республиканской конституции с тем, чтобы от института прямых **всеобщих** выборов отказаться вовсе (*universal*)

вспомож'ение (n.): Кредит МВФ является для России не столько денежным **вспоможением**, сколько «сертификатом» экономической программы правительства (*financial aid*)

встр'оенный (adj.): Каждый житель нового дома требует **встроенную кухню** (*fitted kitchen*)

вступ'ать, вступ'ить: Этот диссидент ещё в 1996-м году **вступил в конфликт с** пекинскими властями (*entered into conflict with*)

вступл'ение (n.): При **вступлении на престол**, король признался своему знакомому, он сомневался, что подданные протерпят его дольше полугода (*accession to the throne*)

вторж'ение (n.): Франция и Германия выступили против **наземного вторжения** в Югославию (*ground invasion*)

втор'ичный (adj.): Сегодня в Владивостоке пройдут **вторичные выборы** (*second-round elections*)

вт'ягивать, втян'уть: Правительство Македонии боится, что его **втянут в** конфликт в Косове (*will be dragged into*)

вход'ить, войт'и: Этот политик **не войдёт в состав** нового правительства (*will not be a member of*)

выбив'ать, в'ыбить: При их самом активном участии, из МВФ было **выбито** обещание дать России очередной кредит (*was forced out of*)

в'ыбивки (pl.): Теперь все спешат покупать так называемые «**выбивки**», то есть валютные облигации (*hard currency bonds*)

в'ыборы (pl.): Вчера в Карачаево-Черкесске состоялись **всеобщие тайные прямые выборы** (*universal secret direct elections*)

в'ывод (m.): Объявили о проведении «круглого стола» для обсуждения путей **вывода** страны из кризиса (*rescue*); Депутат потребовал **вывода** российских войск из Чечни (*withdrawal*); **Вывод** цифр и букв из компьютера производится при помощи дисплея (*output*); Из слов спикера можно сделать всего лишь один **вывод** (*conclusion*)

в'ыводить, в'ывести: Министр по старой дружбе пытается **вывести из-под удара** Президента (*shield from the blow*); Бомбардировками телецентр **выведен из строя** (*has been put out of action*); Президента просто **вывели за кадр** (*was removed from the frame*); Этим законом хотят **вывести** производство водки из теневой экономики (*remove*)

в'ывозить, в'ывезти: В существовании офшоров в значительной степени виноваты западные правительства с их налоговой системой, не позволяющей сохранить законно нажитое состояние и вынуждающей **вывозить** капитал (*export*)

в'ыгодный (adj.): Безусловно, какое-то время руководство завода будет держать картельные цены поскольку это **выгодно** московским властям, контролирующим завод (*advantageous*)

выдав'ать, в'ыдать: Увы, кто-то поспешил **выдать желаемое за действительное** (*make the desire pass for the reality*); Вчера департамент консульской службы МИД России **выдал** генпрокурору новый паспорт и он мог свободно вылететь в Швейцарию (*issued ... with*)

в'ыдача (f.): Прокуратура намерена добиваться **выдачи** обвиняемого из Франции (*extradition*)

выдвиг'ать, в'ыдвинуть: Объясняя причины натовских боевых действий, наши эксперты **выдвигают на первый план** довольно экзотические варианты (*advance, put forward* – see also **план**)

выдвиж'ение (n.): Из фразы выступления Президента, посвящённого **выдвижению** Премьера, можно вычеркнуть словосочетание «поддержка президента». Оно уже не имеет большого значения (*nomination*)

выдел'ение (n.): МВФ заявляет о возможности **выделения** России кредитов (*allocation*)

выдел'ять, в'ыделить: Инвесторы должны считаться с невозможностью **выделять** деньги на текущие расходы (*allocate*)

в'ыжженная земл'я (adj. + f.): Однако пока около Президента образовалась «**выжженная земля**» – все уволены, увольняются или ждут чего-то плохого (*scorched earth*)

вызыв'ать, в'ызвать: Ничто не помешает **вызвать в суд** Владимира Петровича и Андрея Ивановича (*summon*)

в'ыкуп (m.): Заплатив **выкуп**, родственникам удалось освободить заложников (*ransom*)

в'ылазка (f.): Чеченские власти обвиняют в террористических **вылазках** на территорию Дагестана (*sorties*)

вылив'аться, в'ылиться (r.): Вооружённый конфликт едва не **вылился в** четвёртую по счету индо-пакистанскую войну (*resulted in*)

вымог'ать (impf. only): Расследуя дело о вымогательстве, следователь **вымогал** деньги у подозреваемого, говоря «Чтобы не попасть в тюрьму, надо дать 10 тысяч рублей прокурору» (*extorted*)

вынос'ить, в'ынести: Депутат получает письма из которых несомненно ясно, какой административный орган или суд **вынес решение**, с которым граждане не согласны (*pronounced judgment*); Омбудсмен до сих пор получает протесты от граждан на **судебные приговоры, вынесенные** уже в 1977 году (*judicial sentences pronounced*)

в'ыпад (m.): Экстремистских **выпадов** со стороны греческих коммунистов не было (*attacks*)

в'ыплата (f.): По этому счету **выплаты** привязаны к рублю (*withdrawals*); Если не поможет и это, то правительству придётся рано или поздно отказаться от **выплат** по внешнему долгу (*repayments*)

в'ыполнять, в'ыполнить: План по выплате государственных долгов **выполнен** на 95 процентов (*carried out, fulfilled*)

в'ыполняться, в'ыполниться (r.): План производства за май месяц **выполняется** (*is being carried out*)

в'ыпуск (m.): Более половины **выпусков облигаций** погашено, почти по всем выплачены проценты за первый год (*bond issues*)

в'ыпускать, в'ыпустить: Подозреваемого власти **выпустили** под денежный залог (*released*); Рублёвые облигации, **выпущенные** в 1997 году (*issued*)

в'ыработка (f.): Речь идёт о **выработке** ответных мер на поступки натовских боевиков (*devising*)

выраж'ать, в'ыразить: Думцы **выразили солидарность** с бастующими шахтёрами (*expressed their solidarity*)

выраст'ать, в'ырасти: За одну неделю европейская валюта **выросла** на 6% (*rose in value*)

выруч'ать, в'ыручить: Программа «Нефть в обмен на продовольствие» позволяла стране, находящейся под гнётом нефтяного эмбарго, продавать сегодня ограниченные объёмы углеводородного сырья, а на **вырученные** деньги закупать завтра разные нужные ей продукты, медикаменты и т. д. (*earned*); **Выручив** бюджет в прошлом году, руководство концерна решило, что в этом году повторять подвиг не обязано (*having helped out with*)

в'ыручка (f.): Офшор – это любое место, где не существует валютных ограничений, существующих в России, вроде принудительной продажи валютной **выручки** (*earnings*)

в'ысадка (f.): Вчера произошла **высадка** сотен русских миротворцев в Салоники (*landing*)

выск'азывание (n.): **Высказывания** политиков – обычно неоднозначные по отношению к их взглядам (*pronouncements*); **Высказывания** внезапно всплывшего во вчерашней телепередаче бывшего министра – просто неадекватные (*statements*)

выск'азываться, в'ысказаться (г.): **Высказалась** уже Россия **против/в пользу** санкций (*spoke out against/for*)

высокодох'одный (adj.): Продажа автомобилей – сейчас самый **высокодоходный** бизнес (*profitable*)

высокоп'арный (adj.): Оратор пытается **высокопарной** фразой подменить разговор о конкретной политической склоке (*high-flown*)

высокопост'авленный (adj.): Ещё три года назад органы прокуратуры начали дело в отношении десяти **высокопоставленных** чиновников питерской мэрии ('*high-up*', *high-flying*)

выст'аивать, в'ыстоять: Просвет есть: рубль **выстоял** (*stood firm*)

выступ'ать, в'ыступить: Бывший генерал **выступает как** кандидат в губернаторы (*is standing as*)

выступл'ение (n.): В одном из своих публичных **выступлений** вице-президент объявил, что он стоял у истоков Интернета (*speeches*)

в'ысшая м'ера наказ'ания (adj. + f. + gen.): К убийцам применяется **высшая мера наказания** (*death penalty* – lit. *highest degree of punishment*)

в'ытекать (impf. only): Целый ряд последствий **вытекает из** нашей программы (*are entailed by*); Президент смотрит на боевое действие со всеми **вытекающими** оттуда последствиями (*which flow from*)

в'ыход (m.): Из настоящего кризиса **выход** всего лишь один — политический (*way out*)

в'ыходка (f.): В 1998-м году не было ответа правительства на расистские **выходки** коммунистических экстремистов (*outbursts*)

вышеупом'янутый (adj.): Мне представляется весьма существенным тот факт, что исполнителем **вышеупомянутой** «услуги» на сей раз оказался 'олигарх' (*aforementioned*)

выясн'ять, в'ыяснить: Комиссия должна **выяснить** причины вчерашней аварии (*elucidate*)

в'язкий (adj.): Между сербами и натовскими державами идут **вязкие переговоры** (*tough talks*)

Г

габар'ит (m.): **Габарит** железнодорожного состава России шире, чем на западе (*dimension*)

г'алстук (m.): После торжественного обеда руководители сели за стол на **встречу «без галстуков»** (*informal meeting, back-room talks*)

гар'ант (m.): Президент является постоянным **гарантом** Российской Конституции (*guarantor*)

гарант'ийный (adj.): Являясь финансовым институтом, Бюджет развития не может **выступать в качестве субъекта гарантийного обязательства** (*act as the guarantor of a liability*)

гар'антия (f.): Договор об урегулировании войны в Чечне не содержит достаточных **гарантий** (*safeguards*); Денежные средства Бюджета развития направляются на выплаты по выданным ранее **гарантиям** Правительства Российской Федерации (*pledges*)

генер'ировать (impf. and pf.): Важны и другие меры бюджетного характера. Прежде всего выполнение бюджетных обязательств по таким статьям, которые **генерируют** спрос по максимально длинной цепочке хозяйственных агентов (lit. and fig. *generate, create*)

генштаб'ист (m.): «В Югославии войны не было» заявил журналистам один видный **генштабист** (*member of the general staff*)

г'ипер- = hyper-, e.g. **гиперинфляция** (f.): В 1994-1996 годах он руководил Центральным банком Югославии и сумел тогда справиться с **гиперинфляцией** (*hyperinflation*)

глав'а (m.): Дума долго обсуждала кандидатуру одного видного политика на пост **главы** правительства (*head*)

глаз (m.): У Президента и премьера была первая встреча **с глазу на глаз** (*face to face*)

глас'ить (impf. only): Правительство **гласит**, что стране нужен средний класс, но ничего не делает, чтобы приобрести такой класс в стране (*announces*)

глуб'инка (f.): Американцы, особенно в **глубинке**, не интересуются выборами (*in the sticks*)

голод'овка (f.): Долгое время не получив зарплату, учителя объявили **голодовку** (*hunger strike*)

г'олос (m.): Некоторые партии жаловались на то, что их **голоса** не были учтены (*votes*)

голосов'ание (n.): Итоги вчерашнего **голосования** – 315 за успешного кандидата, что почти на 100 голосов больше, чем нужно – никого не могли поразить (*voting*)

голосов'ать, проголосовать: Мы **голосуем** и ставим главу правительства в неловкое положение (*vote*)

г'онка (f.): Судя по высказываниям политиков, в стране уже давно началась предвыборная **гонка** (*race*)

горож'анин (m., declines like **англичанин**): Тревожит также активное нежелание русских **горожан** отвечать на вопросы, касающиеся минувших выборов (*city-dwellers*)

гор'ячий (adj.): Северный Кавказ остался **горячей точкой** для российского правительства (fig. *hot spot*)

гражд'анский (adj.): **Гражданская** авиация состоит из флота пассажирских самолётов (*civil*)

грант (m.): По всей России учёные спешат подавать заявления на **соросовские гранты** (*Soros grants*)

гр'афик (m.): Согласно **графику** министры должны встретить Президента через полчаса (*timetable*)

гробов'ой (adj.): В станице паника, а на официальном уровне – **гробовая тишина** (*deadly silence*, fig. *silence of the grave*)

гроз'ить (+ dat.): Индо-пакистанский конфликт **грозит** миру и региону ядерным Армагеддоном (*menaces*)

гром (m.): Заявление Президента прозвучало **как гром в ясном небе** (*like a bolt from the blue*)

гр'уппа (f.): Нужные боевые действия были предприняты **группой экстренного реагирования** (*rapid reaction force* [of army, police, etc.])

губерн'атор (m.): **Губернаторы** регионов, краёв и областей России выбираются народом (*governors*)

Д

давл'ение (n.): Одностороннее **давление** на Югославию не поможет решению проблем этой страны (*pressure*)

д'альность (f.): Эти крылатые ракеты – оружие **средней дальности** (*medium-range*)

д'ача (f.): Чтобы внести ясность, прокуроры решили пригласить бывшего мэра для **дачи свидетельских показаний** (*to give testimony*)

дв'игать, дв'инуть (+ inst.): Что же в таком случае **двигало** западными политиками? (*motivated*)

двустор'онний or **двухстор'онний** (adj.): Русско-американская космическая программа – образец успешного **двустороннего** сотрудничества (*bilateral* – see also **односторонний, трёхсторонний**)

девальв'ация (f.): Правительство пока ещё отказывается от **девальвации** рубля; **Девальвация** рубля уменьшает реальную стоимость прежних займов (*devaluation*)

дев'аться, д'еться (r.): Коль скоро российские десантники входят в состав международных сил в Косово, от диалога с НАТО **нам никуда не деться** (*we shall not be able to avoid*)

дезаву'ирование (n.): По словам сотрудников АРБ, на суде они будут прежде всего добиваться **дезавуирования** злополучного заявления от 17 августа (*repudiation*)

д'ейственный (adj.): Нет здорового бюджета без **действенной** системы банкротства (*effective*)

д'ействовать (in this meaning, impf. only): Формально продолжит **действовать** механизм плавающих ставок (*work, function*)

д'ействующий (adj.): По **действующему** законодательству средства Бюджета развития Российской Федерации являются федеральной собственностью (*in force*); Он как **действующий** генерал обязан призывать население к спокойствию (*serving*)

дел'ец (m.): У наших больших предприятий капитал смешанный, с участием государства, **дельцов** из номенклатуры, криминала (*businessmen*)

делёж

делёж (m.): Все эти меры, конечно, гораздо сложнее, чем **делёж** денег из мифического Бюджета развития или раздача льготных кредитов из Банка развития (*sharing-out*)

д'ело (n.): Как утверждали СМИ, полиция планировала изъять налоговые **дела** главы компании и главных сотрудников (*files*); Если **дело дойдёт** до ограниченной ядерной войны, НАТО будет применять авиации в тех же масштабах, что в Югославии (*if it comes to*)

делов'ой (adj.): **Деловой ланч** Премьера с западными инвесторами состоялся в гостинице (*working lunch*)

демократиз'ация (f.): **Демократизация** предполагает расширение политических свобод (*democratization*)

демониз'ировать (impf. only): Но мы **демонизируем** этого человека, как весь остальной мир **демонизирует** Сороса (*demonize(s)*)

демонополиз'ировать (impf. and pf.): Таким образом, дальняя телефонная связь в России фактически уже несколько месяцев **демонополизирована** (*demonopolized*)

д'емпинг (m.): Мировая Торговая Организация говорит, что наши фирмы занимаются **демпингом**, то есть продают свою продукцию в ниже чем мировые цены (*dumping*)

демпингов'ать (impf. only): Американское правительство обвиняет российские компании в том, что они **демпингуют** сталь на мировой рынок (*are dumping*)

депоз'ит (m.): Российский банк открывает в иностранном банке **депозит**, выплаты по которому привязаны к доллару (*deposit account*)

держ'атель (m.): Иностранные кредиторы – банки, инвестиционные фонды, частные фонды – которые являются главными **держателями** таких долгов, вынуждены соглашаться на реструктуризацию (иначе могут не получить ничего) (*holder, bearer*)

держ'аться (impf. only, r., + gen.): Премьер должен **держаться** очень сокращённого **графика** (*keep to . . . timetable*)

дестабилиз'ировать (impf. and pf.): Мусульмане Дагестана могут принять решение об объявлении войны тем силам, которые **дестабилизируют** ситуацию в республике (*are destabilizing*)

дефиц'ит (m.): Условие для перехода страны на ЕЕВ – это снижение бюджетного **дефицита** (*deficit*); Самое трудное в жизни этих забастовщиков, это **дефицит** топлива (*shortage*); Буквально за последние дни в городе бензин стал **дефицитом** (*a scarce item*)

деф'олт (m.): В августе 1998 года правительство России объявило **дефолт** своих задолженностей; Если знаменитый финансист не откажется от поддержки мэра, будет продолжать «поливать грязью» Кремль и угрожать **дефолтом** Минфину, кремлёвские стратеги вполне могут вернуться к идее банкротства его корпорации (*default*)

дешев'еть, подешев'еть: Товары отечественного производства **подешевели** в ещё меньшей степени (правда, и подорожали они до этого не так сильно) (*have fallen in price*)

д'еятельность (f.): Главная цель правительства РФ – активизация экономической **деятельности** (*activity*)

диапаз'он (m.): О широте социального, образовательного, психологического и даже физиологического **диапазона**, охваченного коммунистистами, это свидетельство лидера партии представление даёт (*range*)

диз'айн (m.): Хороший **дизайн** всегда является гарантией успеха любого товара (*design*)

диктов'ать, продиктов'ать: Действия наших политиков **диктованы** желанием быть переизбранными (*are motivated*); Промышленно развитые страны Запада будут и впредь, игнорируя международное право, **диктовать** другим странам, как себя вести (*dictate*)

дир'ектор-распоряд'итель (m.): **Директор-распорядитель** МВФ подарил России долгожданные $4,5 млрд. (*managing director*)

дисбал'анс (m.): Переговоры идут плохо из-за какого-то **дисбаланса** в позициях сторон (*imbalance*)

дисконт'ирование (n.): Реструктуризация и свёртывание балансов объединяющихся банков производится путём **дисконтирования** обязательств при максимальном сохранении рабочих активов (*discounting*)

дискредит'ация (f.): Руководство холдинга «Медиа-мост» выступило со специальным заявлением, в котором предупредило, что «в ближайшее время возможны попытки **дискредитации** холдинга и его структур» (*at discrediting*)

дислок'ация (f.): Теперь генштаб работает над **дислокацией** войск на территории Чечни (*disposition*)

дистанц'ироваться (impf. only, r.): Руководство Коммунистической партии **дистанцируется от** последних антисемитских высказываний одного ведущего коммуниста (*distances itself from*)

дл'ительный (adj.): **Длительный** кризис нанесёт ущерб престижу правительства (*lengthy*)

добив'аться, доб'иться (r., + gen. and от + gen.): То, чего **добивалась** оппозиция последние несколько лет, свершилось (*has been striving for*); Вчера заведующий **добился** от депутатов согласия на практически полную смену директоров ЦБ (*obtained*): Если я вижу, что могу **добиться своего** (*get my own way*), я **добиваюсь** (*try to get my own way*)

дов'еренный (adj.): **Доверенное** лицо обвиняемого, это его адвокат (*defender*)

довер'ительность (f.): Встреча состоялась **в доверительности** и пресса не была допущена (*confidentially*)

договорённость (f.): Правительство достигло **договорённости** с МВФ насчёт платежа долгов нашей страны (*agreement*)

дозн'ание (n.): В столице велось **дознание** в деле нарушения эмбарго на доставки товаров в Сербию (*investigation*)

доказ'ательство (n. – usually pl.): Адвокат **привёл доказательства** того, что обвиняемый не совершил преступления (*produced proof*)

долгоср'очный (adj.): Каковы **долгосрочные** перспективы экономики страны? (*long-term* – see also **краткосрочный**, **среднесрочный** and **перспектива**)

должн'ик (m.): Компания просит акционеров не настаивать на получение дививендов, а разрешать ей стать их **должником** (*debtor*); Проблема заключается в том, что инвесторы не придут в **страны-должники**; Россия является сегодня одной из самых больших **стран-должников** (*debtor countries*)

должностн'ой (adj.): В тексте речь шла об отсутствии механизма исполнения конституционной нормы о равенстве высших **должностных лиц** (*functionaries*); По официальной информации, в ранге замминистров они будут курировать те же вопросы, что относились к их компетенции и прежде. То есть единственное изменение состоит в повышении **должностного статуса** чиновников (*official status*)

докл'адывать, долож'ить: Министры **доложили** Президенту о положении в Карачаево-Черкесии (*gave a report*)

дополн'ять, доп'олнить: Программа Мирового банка и программа кредита МВФ **дополняют** друг друга (*supplement*)

допуск'ать, допуст'ить: Встреча состоялась в доверительности и пресса не была **допущена** на митинг (*admitted*); Самое трудное, это не **допустить** население близко к пожару (*allow*); Президент, говорят, **допускает** много ошибок (*commits*)

дораб'атывать, дораб'отать: Так как закон конституционен в целом, его не надо **дорабатывать** (*finish working on*)

дорож'ать, подорож'ать: Во многих местах города бензин **подорожал** вдвое в связи с падением рубля (*increased in price*)

доср'очный (adj.): Преподаватели хотят получить **досрочную** пенсию (*early* [i.e. premature]); О **досрочных выборах** политики начали говорить со времени заболевания Президента (*mid-term elections*); Ничто теперь не отвлекает оппозицию от её главного дела – **досрочной отставки** президента (*early retirement*)

дост'авка (f.): **Доставка** новых оружий сделалась уже неделю тому назад (*delivery*)

достов'ерный (adj.): Эту информацию можно считать как от **достоверного** источника (*accurate*)

д'оступ (m.): **Доступ** отечественных товаров на европейский рынок улучшился (*access*); Министр испугался не угроз олигарха, а гнева Президента и окончательного прекращения **доступа в** Кремль (*access to*)

д'осуг (m.): По данным опроса, только одна треть российского среднего класса имеет возможность проводить **досуг** в соответствии со своими желаниями (*leisure time*)

досяг'аемость (f.): Диссидент оказался в Нью-Йорке, **вне пределов досягаемости** (*beyond reach*)

дот'ация (f.): В фонд соцстраха должны идти, как раньше, **дотации** бюджета (*state subsidies*)

дох'од (m.): В последние годы национальный **доход** России падает буквально с каждым годом (*income*); Речь в указе идёт о погашении государственных облигаций **с постоянным и переменным купонным доходом** (*with fixed and variable yields*)

дох'одность (f.): Почти все русские регионы выпустили так называемые агрооблигации **с доходностью в 10% годовых** (*10 per cent annual yield*)

д'умец (m.): **Думцы** довольны потому, что КС признал конституционность закона в целом (*Duma deputies*)

дур'ак (m.): Рост евро **оставил в дураках** экспертов предрекавших его падение (*made fools of*)

душев'ой (adj.): За условную «нижнюю границу» для представителей российского среднего класса был принят доход в 1500 рублей, поскольку **душевой доход** у 62,8% тех, кто отнёс себя к «середнякам» превышал эту сумму (*per capita income*)

ду'эль (f.): Надеемся, что в Думе будет настоящая дискуссия, а не **словесная дуэль** (*verbal duelling*)

Е

един'ица (f.): В празднике участвовали тысячи войск и сотни **единиц** военной техники (*pieces*)

един'ичный (adj.): Если дело дойдёт до войны, то бандиты **единичными** терактами не ограничатся (*single*)

единовл'астие (n.): Президента РФ иногда обвиняют в тенденции к **единовластию** (*autocracy*)

единогл'асный (adj.): Редкое решение Госдумы принято **единогласно** (*unanimously*)

единод'ушие (n.): Внутри каждого села между жителями полное **единодушие** (*unanimity*)

единод'ушный (adj.): Между тем сам белорусский народ не столь **единодушен** (*unanimous*)

едином'ышленник (m.): Действия премьера поддерживают его **единомышленники** (*followers*); Кабинет, в принципе, команда **единомышленников** (*like-minded people*)

ед'иный (adj.): Лидеры СНГ начали говорить о формировании **единого экономического пространства** на их территории (*single market*)

Ё

ёмкий (adj.): Во-первых, понятие «окружение мэра» достаточно **ёмкое** понятие. Это же не какая-то однородная масса (*broad*)

-ёмкий (adj.): Сельское хозяйство – **трудоёмкий** отрасль экономики (*labour-intensive*: other words using this suffix include **энергоёмкий, металлоёмкий, наукоёмкий**)

Ж

ж'алоба (f.): Апелляционный суд готов удовлетворить **жалобу** генпрокурора (*appeal*)

ж'алованье (n.): Тысячи учителей целые месяцы не получают своего **жалованья** (*salary*)

ж'аловать, пож'аловать: Премьер просил кабинет **любить и жаловать** нового министра (*take to their hearts*)

железобет'онный (adj.): **Железобетонная логика** экономики гласит, что предложение должно равняться спросу (*iron logic*, lit. *reinforced concrete*)

живьём (adv.): Премьера интервьюировали **живьём** (*live*, fig. *in the flesh*)

жизнеспос'обный (adj.): Как говорит премьер, всё дело в том, **жизнеспособна** организация или нет (*viable*)

ж'ирный кот (adj. + m.): Люди которые получают большие жалованья или, как их теперь принято звать, «**жирные кота**» ('*fat cats*')

жуч'ок (m.): Телефонная компания не в силах гарантировать абсолютную свободу от «**жучков**» ('*bugs*')

З

забаст'овка (f.): Во многих регионах России учителя участвуют в **голодных забастовках** (*hunger strikes*)

забаст'овщик (m.): Ряды **забастовщиков** увеличились еще на полсотню человек (*strikers*)

забир'ать, забр'ать: Римский император стал **забирать** 5% имущества богатейших граждан Рима после их смерти (*seize, appropriate*)

заблагорасс'удиться (pf. only, r., impers. + dat.): Стало ясно для России и для других стран, что НАТО готов вмешаться в любом месте и в любое время, **как ему заблагорассудится** (*as it sees fit*)

завер'ение (n.): На похоронах отца, новый король естественно получил от западных лидеров **заверения** в вечной дружбе (*assurances*)

заверш'аться, заверш'иться (r.): Считают, что война должна **завершиться** к концу мая (*come to an end*)

завер'ять, зав'ерить: Смею вас **заверить**, что моя партия проголосует за резолюцию (*assure*)

завоев'ание (n.): План политического деятеля по **завоеванию** Кремля состоит всего из трёх ходов (*conquest*)

зав'оз (m.): Однако возникает вопрос: а есть ли в федеральном и региональных бюджетах достаточно денег на **северный завоз** нефти или уборочную страду? (*delivery to the northern regions*)

з'аговор (m.): Тогда в общественном мнении Америки возобладала уверенность, что вражеские **заговоры** плетутся повсюду (*conspiracies*)

зад'ержка (f.): **Задержка зарплаты** – это нарушение нашего конституционного права (*delay in payment*)

зад'олженность (f.): Надо установить сроки погашения **задолженности** (*debt, indebtedness*); Состоялся митинг протеста с требованием погашения многомесячной **задолженности по зарплате** (*arrears*)

за'ём (m.): Объём местных **займов** не идёт ни в какое сравнение с долгами Российского государства (*loan*)

заёмщик

заёмщик (m.): Всемирный Банк имеет возможность предоставлять **странам-заёмщикам** самые дешёвые в мире кредиты (*borrower countries* – see also **должник**)

за'имствование (n.): Обычно в законодательной базе субъекта Федерации существуют ограничения на объём **заимствований** (*borrowings*)

заказн'ой (adj.): Милиция подозревает, что в данном случае речь идёт о **заказном убийстве** (*contract murder, 'hit'*)

заключ'ать, заключ'ить: С каждым был **заключён** индивидуальный контракт (*concluded*)

заключ'аться, заключ'иться (г.): Моё мнение **заключается в том, что** Президент имеет право распускать Думу (*comes down to this, that*)

заключ'ительный (adj.): Сегодня премьер вёл **заключительные** консультации с лидерами думских фракций (*final*)

законод'ательно (adv.): Всемирный Банк требует **законодательно** ввести процедуру ускоренного банкротства (*by legislation*)

законод'ательный (adj.): Государственная Дума – общероссийское **законодательное** собрание (*legislative*)

законод'ательство (n.): Местные власти Каймановых островов приняли банковское **законодательство**, скопированное со швейцарского (*legislation*)

законом'ерность (f.): Власти некоторых независимых но бедных государств быстро открыли **закономерность** об офшорных счетах (*rule*)

законопосл'ушный (adj.): Оба народа объявляют себя самыми лояльными и **законопослушными** (*law-abiding*)

законопро'ект (m.): Директор Центрального Банка Российской Федерации не исключает возможности внесения на рассмотрение депутатов **законопроекта**, отменяющего мораторий на финансирование дефицита бюджета (*draft bill*)

закрепл'ять, закреп'ить: Объединение государственных и частных средств будет противоречить принципу формирования федерального бюджета, **закреплённому** в статье 1 Закона РФ «Об основах бюджетного устройства и бюджетного процесса в РФ» (*fixed*)

закр'ытый (adj.): Встреча двух президентов имела место **при закрытых дверях** (*behind closed doors*)

закуп'ать, закуп'ить: После бомбардировок жители Белграда **закупили** свечи и минеральную воду (*stocked up on*)

зал'амывать, залом'ить: Пока продолжает существовать дефицит нефти, нефтяники будут **заламывать цену** (*raise the price sky-high*)

зал'ечь (pf. only): Шахтёры «**залегли**» (*downed tools*)

зал'ог

зал'ог (m.): Президент служит **залогом** свободы всех граждан, в том числе и прессы (*guarantee*); Подозреваемого выпустили **под денежный залог** (*on bail*)

зал'оговый (adj.): В случае неплатежа в первые два года кредиторы могут рассчитывать на получении акций этого **залогового фонда** (*security/guarantee fund*)

зал'ожник (m.): Бандиты взяли **заложников** и требовали огромную сумму денег для их освобождения (*hostages*)

(не) зам'анить калач'ом (pf. + m.): Но с деньгами стало теперь настолько плохо, что частные компании на Север **калачом не заманишь** (*wild horses wouldn't drag . . .*)

замест'итель (m.): Первым членом команды должен стать его **заместитель**, член КПРФ (*deputy*)

замир'ение (n.): 13-ого июля олигарх приехал в Белый дом и обсудил с премьером условия **замирения** с Кремлём (*peace-making*)

замор'аживать, замор'озить: Они вполне могут **заморозить** все наши деньги, что находятся в западных банках, и за счёт их будут компенсировать их потери (*freeze*)

з'амысел (m.): По **замыслу** кремлёвских аналитиков, нужно подмять под себя все существующие в России монополии (*scheme*)

зан'ятость (f.): В стране много безработных – оттуда наша проблема **занятости** (*employment*)

запасн'ой (adj.): Этот политический деятель – **своего рода запасной** премьер (*a sort of spare*)

запр'ашивать, запрос'ить: Министр **запросил** своих чиновников прислать ему доклад о политическом планировании всего департамента (*officially requested*)

запр'ет (m.): Правительство объявило временный **запрет на** проведение акций протеста (*ban on*)

запр'етный (adj.): Союзники установили **запретную зону для полётов** на юге и на севере иракской территории (*no-fly zone*)

запрещ'ать, запр'етить (+ dat.): Американская конституция **запрещает** правительству заниматься пропагандой в своей стране (*bans, forbids*)

запрещённый (adj.): Все знают, что в Балканах натовские силы часто употребили **запрещённые** кассетные бомбы (*outlawed*)

запр'ос (m.): Союзные государства пытаются удовлетворить **запрос** НАТО в отношении самолётов (*official request*)

з'апуск (m.): Вместе с Инкомбанком был похоронен проект по **запуску** в России самой передовой чиповой карты (*launch*)

заруч'аться, заруч'иться (r.): Кандидату пока не удалось **заручиться поддержкой** Уолл-стрит (*gain support*)

зарыв'аться, зарв'аться (r.): Зал отреагировал неодобрительно на упоминание лидера партии, говорили, что пора уже выходить из его тени, что он **зарвался** (*had gone too far*)

зар'ыть топ'ор (pf. + m.): Старые оппоненты **зарыли топор** (*buried the hatchet*)

зас'ада (f.): Освободительная Армия Косова сегодня устроил **засаду** около дороги в Новый Сад (*ambush*)

засед'ание (n.): Если **заседание** совета всё-таки состоится, то формулировок, на которых настаивала Москва, в итоговом заявлении скорее всего не будет (*session*)

заставл'ять, заст'авить: Повод не заставил себя ждать (*a reason presented itself before long*)

заступ'аться, заступ'иться (r.): Ничто не помешает вызвать в суд этих политических деятелей, если, конечно, **за них не заступится** Президент (*will not stand up for them*)

зат'ея (f.): Импичмент – **затея** абсолютно вредная (*venture*)

затр'агивать, затр'онуть: Документ, опубликуемый газетой «Коммерсант», не **затрагивает** народных избранников (*concern, touch on*)

затр'ата (f.): В Бюджет развития включаются разные виды **затрат**, связанные с расширенным воспроизводством (*expenditures*)

затр'ачивать, затр'атить: Это в три раза превышает сумму, **затраченную** европейцами на эти цели за такой же период прошлого года (*expended*)

зат'ягивание (n.): Новые судебные разбирательства ведут только к **затягиванию** дела (*prolongation*)

зат'ягивать, затян'уть: Президент не раз указывал, что он не хочет **затягивать** дело импичмента (*prolong, drag out*)

затяжн'ой (adj.): После **затяжной** забастовки шахтёры вернулись на работу (*lengthy, protracted*)

захв'ат (m.): Причиной вооружённого конфликта стал **захват** пакистанцами несколько километров индийской территории (*occupation*)

захорон'ение (n.): **Захоронение останков** царской семьи имело место сегодня в Петербурге (*burial of the remains*)

зач'инщик (m.): Король с твёрдой рукой расправлялся с **зачинщиками** заговоров (*ringleaders*)

защищённость (f.): Если правительство хочет употреблять другие источники энергии, оно должно закрывать шахты, обеспечивая конечно при этом **социальную защищённость** (*protection*)

заявл'ение (n.): Рабочие **подают заявление** о назначении им досрочной пенсии (*are handing in an application, are applying*)

заявл'ять, заяв'ить: Председатель **заявил**, что конгресс будет продолжаться ещё дней десять (*declared*)

за'явка (f.): Наши учёные оформляют **заявки** на гранты фонда имени Сороса; Начинается приём **заявок** на акции крупных предприятий (*applications*)

звен'о (n.): Греция является **слабым звеном** в натовских планах (*weak link*)

зв'ерство (n.): «Гуманитарная интервенция» привела к массовому бегству сербов и новым **зверствам** (*atrocities*)

здравом'ыслящий (adj.): Любому **здравомыслящему** человеку ясно, что поступок этого политического деятеля нанесёт огромный ущерб интересам России (*right-thinking*)

злок'озненный (adj.): Более того, уже сейчас надо думать о возможности совместных со «**злокозненным**» Западом миротворческих операций (*treacherous, perfidious*)

злоупотребл'ение (n.): Бывший мэр обвиняется сразу по двум статьям УК – получение взяток и **злоупотребление** служебным положением (*abuse*)

знак (m.): С тех пор, как бывший премьер подал в отставку, надо **ставить знак вопроса над** экономической реформой (*place a question mark over*)

з'она (f.): На практике Петербург уже стал **зоной свободной экономики** (*free economic zone*)

зонд (m.): Цель этого космического путешествия – поставить **лунный зонд** (*lunar probe*)

зря (adv.): Меры по оздоровлению российской экономики **пропали зря** (*counted for nothing*)

зуб (m.): Советский Союз **сломал себе зубы** на компьютерную революцию (*shot itself in the foot*)

И

игл'а (f.): Мы можем и должны получать займы, но нельзя **сесть на иглу** этих займов (*let ourselves be hurt by*)

игнор'ировать (impf. and pf.): Если НАТО желает восстановить хорошие отношения с Россией, то оно должно строить их на основе доверия и не допускать действий, **игнорирующих** российские интересы (*which take no account of*)

игр'а (f.): Начинающий политик вряд ли начнёт **вести свою игру** (*take an independent line*)

игр'ок (m.): see **команда**

избеж'ание (n.): Премьер консультировался с коллегами **во избежание** случаев отказа назначенцев (*to avoid*)

избир'атель (m.): **Избиратели** не любят и не прощают, когда избранник их подводит (*voters*)

избир'ательный (adj.): Мы должны избежать диктатуры денежного мешка над нашими **избирательными** процедурами (*electoral*)

избр'анник (m.): Президент является **избранником** всей нашей страны (*choice, elect*)

изб'ыток (m.): Нехватку (или, наоборот, относительный **избыток**) долларов на ММВБ можно устроить за несколько дней (*surplus*)

изв'естность (f.): Спикер обещал, что он **поставит** Думу **в известность** о ходе переговоров (*keep posted, inform*)

извлеч'ение (n.): Основная задача всякого бизнеса – **извлечение** прибыли (*extraction*)

изготовл'ение (n.): Террористы часто обвиняются, между прочим, в **изготовлении** бомб (*manufacture*)

изобрет'ать, изобрест'и велосип'ед (m.): **Не изобретая велосипеда**, мы хотим и должны применить большой опыт зарубежной автопромышленности (*without reinventing the wheel*)

изъявл'ять, изъяв'ить: Москва на прошлой неделе **изъявила** своё желание возобновить совместную работу Постоянного совета Россия-НАТО (*declared, expressed*)

именов'аться (г.): Федеральный закон «О Бюджете развития Российской Федерации» (**далее именуется** – Федеральный Закон) отклоняю по следующим основаниям (*hereafter termed*)

'имидж (m.): Он по-видимому надеется на то, что его противнику не удастся найти другой кандидатуры, которая могла бы создать новому кабинету приемлемый для западных кредиторов **имидж** (*image*)

'имидж-м'ейкер (m.): По мнению многих, Президент срочно нуждается в **имидж-мейкера** (*image-maker*)

иммунит'ет (m.): Срок **иммунитета** депутатов Госдумы только что на днях истёк (*immunity*)

имп'ичмент (m.): **Импичмент** не поднимался на сегодняшней сессии Думы; Процедура **импичмента** – весьма длительна (*impeachment*)

им'ущество (n.): Он был приговорён на пять лет лишения свободы **с конфискацией имущества** (*with confiscation of property*)

инаком'ыслящий (adj. or m.): А что если непредсказуемый белорусский лидер, почувствовав угрозу своей власти, развернёт массовые репрессии против **инакомыслящих**? (*dissidents*)

инвал'идность (f.): В России подавляющее большинство представителей среднего класса чувствуют свою незащищённость из-за отсутствия гарантий материальной поддержки в случае **инвалидности** (*disability/disablement*)

инвестици'онный (adj.): За последние месяцы в России наступил неблагоприятный **инвестиционный** климат (*for investment*)

инвест'иция (f.): Источниками экономического роста могут служить спрос и **инвестиции** (*investments*)

инв'естор (m.): Россию не стоит спасти, по мнению многих западных **инвесторов** (*investors* – see also **вкладчик**)

индекс'ация (f.): Пенсионеры требуют немедленной **индексации** своих пенсий (*indexation*)

иници'ировать (impf. and pf.): По достоверной информации, решение было **инициировано** Президентом (*initiated*)

инст'анция (f.): Обвиняемый имеет право на апелляцию приговора в **высшие инстанции** (*to higher authorities*)

instит'ут (m.): Это определение не вполне отвечает сути такого **института**, как Бюджет развития (*institution*)

инструм'ент (m.): Поэтому администрация собирается предложить инвесторам обмен облигаций на новые **рублёвые инструменты** с погашением через четыре года (*financial instrument*); В компании надеются, что новый дешёвый и надёжный **инструмент** будет пользоваться устойчивым спросом (*device*); Свобода прессы, это единственный **инструмент** для защиты базовых либеральных ценностей (*tool*)

интегр'ация (f.): **Интеграция** Беларуси и России приведёт к единой валюте (*integration*)

инфл'яция (f.): Американская администрация добилась самой низкой за последнюю четверть века **инфляции** (*inflation*)

информ'ация (f.): По последним **информациям**, бомбардировка Югославии уже началась (*news* – usually pl.)

инфраструкт'ура (f.): У нас в стране надо создавать и банковскую и финансовую **инфраструктуру** (*infrastructure*)

инцид'ент (m.): Власти начинают обследование **инцидента** в котором были убиты десять пассажиров самолёта (*accident*)

ипот'ечный (adj.): **Схемы ипотечного кредитования** разрабатываются банком индивидуально и зависят от Вашего финансового положения (*mortgage credit plans*)

иск (m.): Политик **предъявил иск** за клевету своему оппоненту (*sued*)

исключ'ать, исключ'ить: Не потерпев сближение члена КПРФ с представителем «партии власти», белгородские коммунисты **исключили** депутата из партии (*expelled*)

иск'омая с'умма (adj. + f.): Такса – 30 процентов от **искомой суммы** (*total*)

искорен'ять, искорен'ить: Губернатор знаком с федеральной властью, он заботится о пенсионерах, он **искореняет** воровство (*eradicates*)

исполн'ение (n.): Думцы требуют, чтобы Президент досрочно прекратил **исполнение своих полномочий** и ушёл в отставку (*exercise of his functions*)

исполн'ительный (adj.): Принимать меры должники зачастую начинают только когда на пороге появляется кредитор с **исполнительным листом** в руках (*court order*)

исполн'ять, исп'олнить: **Исполняющий обязанности** главы правительства назначил министров на свои посты (*acting*)

испыт'ание (n.): После окончания переговоров будет мораторий на **испытание** ядерных оружий (*testing*); Отношения Франции и России пережили серьёзное **испытание** во время войны в Балканах (*trial*)

исп'ытывать, испыт'ать: Кому-то из его противников пришло в голову **испытать на прочность** молодого премьера (*test the mettle*)

истеблишм'ент (m.): Он будет поддержан огромным большинством политического **истеблишмента** нашей страны (*establishment*)

ист'ец (m.): **Истец** обратил внимание суда, что даже название ведомственного решения незаконно (*plaintiff*)

истеч'ение (n.): После **истечения** пятилетнего срока полномочий первого президента республики, парламент не сумел договориться о кандидатуре преемника (*expiry*)

исх'од (m.): Премьер-министр назвал **исход** выборов «хорошим результатом для демократии» (*outcome*)

исход'я из (prep. + gen.): В России всё ещё оценивают действия натовцев, **исходя из** традиционных взглядов о цели войны (*starting from*); Запад готов использовать военную силу, **исходя из** гуманитарных соображений (*based on*)

исч'ерпывающе (adv.): Его, по всей видимости, стесняют правила, которыми **исчерпывающе** описываются взаимоотношения всякой отдельной компании и общества (*exhaustively*)

исчисл'яться, исч'ислиться (г.): Материальный ущерб **исчисляется** миллиардами долларов (*is estimated at*)

ит'ог (m.): Главным **итогом** визита Черномырдина в Пекинь является согласование политики сторон (*result*)

ит'оги (m. pl.): Премьер **подвёл итоги** деятельности правительства за прошлое полугодие (*summed up*)

ит'оговый (adj.): **Итоговый** документ конечно приходится согласовать с Белградом (*final*)

Й

й'ота (f.): Министр совсем не изменил своих убеждений, **ни на йоту** (*not a jot, not one iota*)

К

кадр (m.): Эти же **кадры** были показаны сегодня по югославскому телевидению (*shots*)

к'адровый (adj.): **Кадровая политика** русского правительства неясна из-за многих перемен которые произошли (*personnel policy*); Вчера вечером никакого **кадрового предложения** депутату от премьера не поступало (*offer of a job*); В сегодняшней России желающий найти работу имеет возможность обратиться сначала к **кадровому агентству** (*employment agency*)

казн'а (f.): В этом году правительство может пополнить **казну** не 5,5 млрд. долл., как собиралось в прошлом, и не 4,5 млрд. долл., на что надеялось ещё весной, а всего лишь 1,9 млрд. долл. (*treasury*)

к'амень (m.): Многие предвидели **подводные камни** в урегулировании в Косове (*hidden dangers* – lit. *underwater rocks*)

камп'ания (f.): По слухам, Совет по внешней и оборонной политике превратился в своего рода штаб по проведению парламентско-президентской **кампании** бывшего премьера (*campaign*)

камуфл'яж (m.): Напротив стены выстроилась цепочка мужиков в разнокалиберном **камуфляже** (*camouflage clothes*)

кандидат'ура (f.): Дума не хотела утвердить его **кандидатуру** в министры (*candidacy*)

канцел'ярия (f.): Проход мэра по залу Баварской **канцелярии** в Мюнхене выглядел триумфальным (*chancellery*)

капитул'ировать (impf. and pf.): Президент Югославии **капитулировал** вместе с практически не вступавшей в войну армией (*surrendered*)

к'арта (f.): В этих переговорах российская сторона не намерена **раскрывать свои карты** (*reveal its hand*); **Все карты спутал** кризис (*reshuffled all the cards*)

карт'ельный (adj.): Речь идёт о **картельном соглашении**, заключённом правительством и 53 нефтяными компаниями чуть более месяца тому назад (*agreement on cartels*)

к'арточный (adj.): Единственный способ вывода экономики из кризиса – это введение **карточной системы** (*rationing*); Ещё в прошлом году у нас активно внедрялись самые передовые **карточные** технологии, в первую очередь чиповые, или микропроцессорные, карты (*smartcard*)

касс'етный (adj.): Натовские державы пользовались **кассетными бомбами** в Сербии (*cluster bombs*)

категор'ически (adv.): Спикер сегодня **категорически/категорично** опроверг эту информацию (*categorically*)

категор'ично (adv.): see under **категорически** above

кв'орум (m.): Из-за отсутствия **кворума** депутаты не могли голосовать сегодня (*quorum*)

кв'ота (f.): Министр топлива и энергетики предложил повысить **квоты** на экспорт нефти (*quotas*)

клев'етник (m.): Главные **клеветники** правительства Беларуси, это средства массовой информации (*slanderers*)

клептокр'атия (f.): Государственный строй новой России, это – **клептократия** (*'kleptocracy'*, i.e. government by thieves)

клинч (m.): Хотя Дума поссорилась с Президентом, не думают, что они пойдут в конституционный **клинч** (lit. *clinch*: fig. *tussle*)

клип (m.): В программе «Новости» продемонстрировали **клип** показывающий генпрокурора и его подруг (*video clip*)

ключев'ой (adj.): **Ключевые** члены иностранной торговой делегации, это американцы (*key*)

кл'ятва (f.): Вводится специальная **клятва** для сотрудников отделения (*oath of loyalty*)

кнут и пр'яник (m. + m.): В отношении налогоплательщиков, правительство пользуется политикой **кнута и пряника** (*carrot and stick*)

ковёр (m.): Угрозы премьера **вызвать на ковёр** обоих кандидатов накала страстей не сняла (*'carpet', give a severe reprimand to*)

к'одекс (m.): В борьбе с проблемами жизни рабочих, скоро будет издан новый **Трудовой Кодекс** (*Code of Labour Law*)

коз'ырь (m.): У Кремля остаётся один последний **козырь** – введение чрезвычайного положения (*trump*)

колеб'ание (n.): Коммунистическая Партия всегда неуклонно следовала **колебаниям** генеральной линии (*variations, fluctuations*)

колл'апс (m.): Идёт долгая, упорная борьба между Президентом и Думой. Поэтому в данный момент у нас в стране к сожалению полный политический **коллапс** (*exhaustion*)

колл'изия (f.): С ОРТ никаких **законодательных коллизий** не должно быть (*legislative conflicts*)

кол'ода (f.): Премьер не должен вернуть ту **колоду** деятелей которые издевались над страной в последние годы (*pack* [lit. *of cards*])

ком'анда (f.): Премьер уверил Президента, что он – **игрок в команде** (*team player*)

ком'андование (n.): Под натовское **командование** мы решительно не пойдём (*command*)

ком'андующий (m. + inst.): Впервые за последние годы четыре стратегических бомбардировщика выполнили, как выразился **командующий** стратегической авиацией, полёт «на полный радиус» (*commander*)

комбин'ация (f.): Отношение Кремля к прессе создаёт основу для разнообразных сомнительных **комбинаций** (*tricks*)

коммент'арий (m.): **Без комментариев** (*no comment*)

коммисси'онные (pl., declines like adj.): Благотворительные фонды брали за услуги 4-10%, **коммиссионные** тратились на личные нужды (*commission*)

коммюник'е (n., indecl.): После встречи в верхах стороны высказали свои мнения в **коммюнике** (*communiqué*)

компенс'ировать: Возможность **компенсировать** возросшие затраты даёт розница (*compensate for*)

к'омплекс (m.): В следующем году надо обратить внимание на финансирование **оборонного комплекса** (*defence complex* – see also 'Abbreviations' under **ВПК**); Министр носит всю политическую ответственность за **комплекс экономических вопросов** (*set of economic issues*)

компром'ат (m.): Война **компроматов** – окошечко в закрытый от публики мир (*blackmail material*)

компром'исс (m.): Обе стороны настаивают на своё, но они как-то найдут **компромисс** (*compromise*)

конв'ерсия (f.): **Конверсия** – это путь экономики от командно-административной системы к рыночной (*conversion of military facility to civilian use*)

конверт'ация (f.): В ближайшее время намечено подписать соглашение о **конвертации** рублёвых облигаций на валютный кредит (*conversion*)

конверт'ировать (impf. and pf.): При этом общая сумма задолженности должна быть **конвертирована** в доллары по курсу на 10 декабря 1998 года (*converted*)

конкур'ент (m.): Точно так же я ему не **конкурент**, потому что я не собираюсь заниматься предвыборной гонкой (*competitor*)

конкур'енция (f.): Вы могли бы спросить: а возможна **конкуренция** между этими двумя членами президентской администрации? И я сказал бы: да, возможна, потому что они работают на одной площадке (*competition*)

конкур'ировать (intrans. or с + inst.): Они мне не конкуренты – чего мне с ними **конкурировать**? (*compete*)

к'онкурс (m.): Средства на этот строительный проект распределяются **по конкурсу** (*by tendering*)

конс'алтинговый (adj.): Они заключили договор с этой фирмой на **консалтинговые услуги** (*consulting services*)

констат'ировать (impf. and pf.): «Он обаятельный, живой, умный – что ещё нужно?» **констатировала** одна из сторонниц нынешнего губернатора края (*affirmed*)

консульт'ироваться, проконсультироваться (r.): Премьер **проконсультировался** с коллегами (*consulted, sounded out*)

континг'ент (m.): Со вводом в Косово **миротворческого контингента** военные действия кончились (*peacekeeping force*)

контраф'актный (adj.): Подтверждения думцев иногда бывают **контрафактными** (*counterfactual*)

контр'оль (m.): Этот опаснейший вопрос у **правительста под контролем** (*is under the government's control*)

конт'уры (m. pl.): Теперь только вырисовываются **контуры** нового правительства (*outlines*)

конфиск'ация (f.): Известно, что богатые американские семейства делали всё, чтобы избежать **конфискации** и всё-таки передать свои состояния законным наследникам (*seizure*)

конфиск'овывать, конфисков'ать: В средневековой Европе король **конфисковывало** 25% богатства любого европейского купца, умершего в пределах его королевства (*used to sequester, confiscate*)

к'онфликт (m.): Партнёры намерены найти пути решения этого страшного **конфликта** (*conflict*)

конфликтов'ать (impf. only): **Конфликтующие стороны** согласны, что надо положить конец их спору (*the sides in conflict*)

конъюнкт'ура (f.): От правительства требуются конкретный действия для улучшения **экономической конъюнктуры** уже в текущем году (*of the economic situation*)

координ'атор (m.): Объединение двух политических партий может произойти из-за переговоров их **координаторов** (*party managers*)

координ'аты (f. pl.): Новые знакомые часто сообщают друг другу свои **координаты** (*details* – name and address, etc.)

координ'ация (f.): Во множественные задачи нового американского Агентства международной публичной информации будет входить должность **координации** сообщений всех международных учреждений правительства США (*coordination*)

корд'он (m.): Ничего не остаётся делать российским войскам теперь, кроме как обеспечить полный **санитарный кордон** вдоль Чеченской границы (*cordon sanitaire*)

коррект'ировать, скоррект'ировать: Я хотел бы **скорректировать** то, что вы только что сказали (*put right, correct*)

корр'ектный (adj.): Отношения между Советом Федерации и Президентом всегда были **корректными** (*polite*)

корр'упция (f.): Беседа шла о том, какие формы способен принимать процесс **коррупции** (*corruption*)

котир'овка (f.): Обращает на себя внимание обвальное положение биржевых **котировок** (*share prices*)

край (m.): Без сомнения, бывший генерал будет переизбран губернатором Красноярского **края** (*region* – see also **область, округ, регион, участок**); В этом отделении у нас в данный момент имеется много работы – просто **непочатый край** (*no end of it*)

краткоср'очный (adj.): *short-term* – see under **долгосрочный**

кред'ит (m.): Совет МВФ обсуждает возможность выделения очередного **кредита** России (*credit*)

кредитов'ание (n.): В итоге не получается не только новое **кредитование** от МВФ (*round of credit*)

кредит'ор (m.): Экономическое обязательство правительства РФ – вернуть **кредиторам** хотя бы часть тех средств, вложенных ими в этот инвестиционный проект (*creditors*)

кр'есло (n.): Борьба за министерские **кресла** и распределение полномочий между первыми вице-премьерами продолжается (*seats*)

крит'ерий (m.): При выделении МВФ кредита, главным **критерием** служит следующее: новый кредит страна должна иметь возможность вернуть (*criterion*)

круг (m.): У нового министра тот же самый **круг обязанностей**, что было и у его предшественника (*set of duties*)

кругосв'етный (adj.): Русский премьер решил не прерывать своё **кругосветное** путешествие (*round-the-world*)

крыл'о (n.): В истории архитектуры без старой фотографии просто не обойтись, и это одна из разгадок того, почему московский мэр **взял под своё крыло** фотографические коллекции (*took under his wing*)

кр'ыша (f.): У американцев **крыша поехала** насчёт Югославского положения (*have gone crazy*)

кулу'ар (m.): Депутаты часто собираются для разговоров в **кулуарах** Думы (*corridors*)

к'упленный (adj.): Тот, кто высказывается против его взглядов, **куплен** по его мнению (*bribed*)

куп'онный (adj.): Указ Президента относится к государственным облигациям федеральных займов **с купонным доходом** (*yield* [of a share or bond])

кур'аторство (n.): Он прекрасно понимает, что формальное **кураторство** над естественными монополиями – «Газпромом» и так далее – ещё не означает реального контроля над их огромными финансовыми потоками (*supervision*)

кур'ировать (impf. only): Этому политическому деятелю в правительстве поручено **курировать** прессу (*look after, take care of*)

курс (m.): **Курс** рубля директор ЦБ обещал вернуть к «приемлемым» значениям (*exchange rate*); Президент всё знает. Он **в курсе** [всех дел] ('*up to speed* [*with everything*]')

Л

легализ'ация (f.): Все необходимые для **легализации** IT документы рабочая группа «Интернет-телефония» предоставила в Госкомсвязи в конце 1998 года (*legalization*)

легит'имность (f.): МИД сначала подтвердило, что не видит никаких оснований сомневаться вообще в **легитимности** нынешнего президента Беларуси (*legitimacy*)

либерализ'ация (f.): Многие полагают, что новый король возьмёт курс на реформы и на **либерализацию** марокканского общества (*liberalization*)

л'идер (m.): Президент вёл персональные разговоры с **лидерами** думских фракций (*leaders*)

л'идерство (n.): После выборов опросы показали явное **лидерство** Барака (*leading position*: also *leadership*)

л'изинг (m.): По словам президента комбината, компания будет вести строительство на свои деньги и, кроме того, намерена применять **схему финансового лизинга** (*long-term financing arrangement*)

ликвид'ировать (impf. and pf.): Местные власти России сегодня попросили федеральное правительство помогать им **ликвидировать** последствия вчерашнего урагана (*to get rid of*)

ликв'идность (f.): **Ликвидность** фирмы поставили под сомнение (*liquidity*)

лицензи'онная пал'ата (adj. +f.): (*patents office*)

лиц'ензия (f.): Слухи, что **отзывали лицензию** у банка СБС Агро, оказались неоправданными (*recalled/suspended licence to operate*)

лиц'о (n.): **юридическое лицо** (*legal entity*), **физическое лицо** (*natural person*), **действующее лицо** (*character in novel, play etc.*), **лица государства** (*statespersons*), **должностное лицо** (*functionary*); Секретарь говорил **от лица** всего Содружества (*on behalf of*); **потер'ять лиц'о**: Премьер сделал уступку – и **потерял лицо** (*lost face*); Кремлю в конце концов стало ясно, что он не тот человек, который **спасёт лицо** российской власти (*save face*)

лиш'ение (n.): Чаще всего преступники приговорены на сроки **лишения свободы** (*imprisonment*)

лоб (m.): В противном случае, дела совсем плохи и приходится **в лоб** нарушать соглашение (*openly*)

л'обби (n. indecl.): Многие фракции в Госдуме любят слушать военно-промышленное **лобби** (*lobby*)

лобб'ировать (impf. only): Группировки в Думе **лоббируют** свои интересы в комиссиях парламента (*lobby for*)

лобб'ист (m.): Главным антигенеральским **лоббистом** является Генпрокурор республики (*lobbyist*)

л'озунг (m.): Типичный **лозунг** брежневской эпохи был «стабильность кадров» (*slogan*)

ло'яльный or **лойяльный** (adj.): В отношении Президента на заседаниях Совета Федерации можно слышать только **лояльные** высказывания членов Совета (*loyal*)

льг'ота (f.): Ветераны Великой Отечественной Войны пользуются многими **льготами** (*allowances, concessions*)

ляп (m.): Порой самый обычный **ляп** может больно ударить по зазевающемуся кандидату (*gaffe*)

М

магистр'аль (f.): Долго и упорно работая над этим вопросом, комиссия наконец **вывела дело на магистраль** (*brought the matter to a conclusion* – lit. *brought it out on to the main road*)

макроэкон'омика (f.): Это решение трогает лишь вопросов **макроэкономики** (*macroeconomics*)

манд'ат (m.): Президент, одержав победу на выборах, получил **мандат** от всего народа (*mandate*)

манифест'ант (m.): После долгой ходьбы **манифестанты** ушли по домам (*demonstrators*)

мародёр (m.): При авианалёте **мародёры** ломают стёкла магазинов и растаскивают продукты (*looters*)

марш (m.): **Марш протеста** остановился около американского посольства (*protest march*)

масшт'аб (m.): Поведение генпрокурора является образец мошенничества **в крупных масштабах** (*on a large scale*)

матери'альный (adj.): **Материальный** ущерб исчисляется миллиардами долларов (*material*)

матр'ос (m.): **У матросов нет вопросов** (*orders are orders*, or *ours not to question why, ours but to do or die*)

м'аятник (m.): Политический **маятник** движется в опасную для стабильности амплитуду (*pendulum*)

межэтн'ический (adj.): Как можно видеть на примере ещё недавно тихой Карачаево-Черкесии, **межэтническое** напряжение достигает конфликтного уровня за считанные дни (*inter-ethnic*)

м'енеджер (m.): Он стал известен в 1997 году после того, как Президент упомянул его в своём радиообращении как **одного из лучших менеджеров** (*one of the best managers* – see also управленец)

м'ерка (f.): Мало вероятно, что и эта небольшая **по мировым меркам** сумма будет реально выделена (*by world standards*)

меропри'ятие (n.): Правительство предпринимает **праздничные мероприятия** (*celebrations*); Отменили все **мероприятия**, проводимые с участием Президента (*events*)

механ'изм (m.): **Механизм** будет найден чтобы решить наши экономические проблемы (*means*)

микроэкон'омика (f.): С ним мы скоро найдём общий язык потому, что он хорошо знает **микроэкономику** (*microeconomics*)

м'ина (f.): В результате представителю Президента, выехавшему на место за три дня до решения суда, чтобы подготовить республику к

миним'альный

приёму нового лидера, пришлось **делать хорошую мину** при плохой игре (*put on a good face*)

миним'альный (adj.): Вчера Дума занималась рассмотрением вопроса о **минимальной зарплате** (*minimum wage*)

м'ирный (adj.): России очень нужно **мирное урегулирование** чеченского конфликта (*peace settlement*); Российские войска стремятся обеспечивать **мирный** порядок (*peaceful*)

миров'ая (f.): С утра стало ясно, что этот политик не собирается **идти на мировую** (*go for an amicable agreement*)

миропоним'ание (n.): В немалой степени утверждению такого **миропонимания** способствовало то, что с распадом СССР исчезла и военная угроза для Запада (*perception of the world*)

миротв'орец (m.): Мандат русских **миротворцев** в Боснии сегодня истекает (*peacekeepers*)

миротв'орческий (adj.): **Миротворческие силы** в Абхазии готовы к переговорам (*peacekeeping forces*)

м'иссия (f.): Что можно заключить о **миссии** российских миротворцев в Боснии? (*mission*)

м'итинг (m.): **Митинг** около американского посольства длится уже два дня (*meeting, demonstration*)

митингов'ать: Граждане **митингуют** около Белого дома (*are demonstrating*); К вечеру многие из здешних **митингующих** уже давно разъехались по домам (*demonstrators*)

митинговщ'ик (m.): Некоторые **митинговщики** были разогнаны ОМОНовцами (*demonstrators*)

многопол'ярный (adj.): Российский МИД продолжает подтвердить, что мы живём в **многополярном** мире (*multipolar*)

модел'ировать, смодел'ировать: Экономисты теперь умеют **моделировать** эту конъюнктуру так же, как умеют моделировать и многие другие (*construct a model*)

мозг'и (m. pl.): Надо **мозги приложить** к решению этой трудной задачи (*rack one's brains*)

монит'оринг (m.): Говорят, что Россия никогда не платила Казахстану за экологический **мониторинг** (*monitoring*)

моноп'ольный (adj.): Ведь «Ростелеком», пользуясь своим **монопольным** положением, платил им столько, сколько считал необходимым (*monopolistic* – i.e. 'as a monopoly')

морат'орий (m.): Президент скоро внесёт закон который отменяет **мораторий** на финансирование бюджетного дефицита (*moratorium*)

м'остик (m.): Сумеет ли новый король сохранить нынешнюю роль Марокко как своего рода **мостик** между Западом и арабским миром? (*bridge*)

мотивир'овка (f.): **Мотивировка** такому поступку Президента неясна (*motive, motivation*)

муниципалит'ет (m.): У **муниципалитетов** теперь уже нет средств, чтобы содержать школы (*local authorities*)

мэр (m.): Юрий Лужков долгие годы служит **мэром** Москвы, то есть главой городской администрации (*mayor*)

м'эрия (f.): Б'ольшая часть работы управления городом совершается в **мэрии** (*town hall*)

мят'еж (m.): В 1993-м году имело место подавление **мятежа** забаррикадировавшихся в белом доме лидеров «бандитской республики» (*rebellion*)

мят'ежник (m.): В Чечне после выборов 1991-го года, б'ольшая часть населения считала Дудаева президентом, а меньшая – **мятежником** (*rebel*)

Н

набир'ать, набр'ать: Пока что в критические моменты военное ведомство неизменно **набирает в рот воды** (*keeps mum/shtum* – see also under **матрос**); На выборах победил кандидат, **набравший** 75% голосов (*who picked up*); Региональные власти России **набрали** множество кредитов у российских и иностранных инвесторов (*have collected*); Судя по растущему количеству дел, война банкиров с региональными администрациями **набирает силу** (*is gathering strength*)

наблюд'атель (m): **Наблюдатели** признают, что предвыборная платформа техасского кандидата, которую он называет «консерватизм с состраданием», – особенно важный фактор его несомненного успеха у избирателей (*observers*)

наблюд'ать (за + acc., impf. only): МВФ по определению **наблюдает за** макроэкономическими показателями (*keeps an eye on*)

навод'ить, навест'и: Теперь настало время **наведения мостов** между Президентом и Думой (*bridge-building*); Милиция старалась **навести порядок** (*enforce order*)

нав'язывать, навяз'ать (+ acc., + dat.): Югославская армия **навязала** агрессию косовцам (*imposed*)

нагнет'ать, нагнест'и: В Черкессии говорят «У нас всё спокойно. **Не нагнетайте**» (*do not pile on the pressure*)

нагр'узка

нагр'узка (f.): Это соглашение важно и с другой точки зрения – оно даёт возможность достигнуть согласия с кредиторами при минимальной **нагрузке** на бюджет (*loading*)

над'авливать, над'авить: Лукашенко решил один последний раз стараться **надавить на** Москву в деле полной интеграции двух государств (*put pressure on*)

надб'авка or **наб'авка** (f.): Вчера администрации Москвы, Санкт-Петербурга и Хабаровска ввели ограничение **торговых надбавок** в розничной торговле (*sellers' mark-ups*)

над'елать (pf. only): Жириновскому часто удаётся **наделать много шума** в Парламенте (*make a lot of noise*)

нажив'аться, наж'иться (r.): Давным-давно известно, что **наживутся** на поставках в Россию только американские транспортники и фермеры (*get rich*)

нажим'ать, наж'ать: Только Президент России имеет существенное право, при крайней надобности, **нажать на «красную кнопку»** (*press the emergency button*)

наз'емный (adj.): Россия выступила против планов НАТО **наземной войны** в Югославии (*land war*)

назнач'ать, назн'ачить: Несмотря на то, что знаменитому политику удалось убедить главу президентской администрации не **назначать** противника премьером, целая масса важных вопросов остались открытыми (*appoint*)

назнач'енец (m.): Новый премьер, в отличие от своего предшественника, **назначенец** президента (*appointee*)

назнач'ение (n.): Он получил **назначение** на пост министра (*appointment* – see also Abbreviations under **ОМОН**)

наименов'ание (n.): К примеру, в Калифорнии список подозрительных организаций включал 142 **наименований** (*titles*)

нак'аз (m.): Политику осталось только выполнять **наказы** главы его партии (*demands*)

нак'аливаться, накал'иться (r.): Губернатор объявил журналистам, что атмосфера в стране **накаливается** в связи с приближающимися выборами (*is hotting up*)

нак'апливаться, накоп'иться (r.): Смерть марокканского монарха стала поводом для того, чтобы мировые лидеры смогли в очередной раз встретиться и обсудить **накопившиеся** вопросы (*which have accumulated/piled up*)

накл'адывать, налож'ить: Прежде всего, следует шире применять антидемпинговые процедуры в отношнии западных товаров, особенно когда наши партнёры **накладывают** ограничения на импорт из России (*impose*)

накопл'ения (n. pl.): В 1990-е годы мы видели колоссальный рост доходов и **накоплений** американцев (*savings*)

нал'аживание (n.): Доведение инфляции до 10% должно произойти во втором полугодии, а в первом потребуются серьёзные усилия – **налаживание** сбора налогов, контроль за госбюджетом (*regulating*)

нал'аживать, нал'адить: Беженцы решили сами теперь **наладить порядок** в своих лагерях (*keep order*); Команда старалась всё время **наладить связь** с Сочи, но вопреки их стараниям она постоянно обрывалась (*maintain the connection*)

налиц'о (adv.): Реально же ухудшение ситуации **налицо** (*we are facing*); Факт **налицо** (*the fact is obvious*)

нал'ичные (f. pl., declines like adj.): **Наличные** можно будет снимать только через банкомат (*cash*)

налогов'ик (m.): Вчера **налоговики** проверяли рынок «Афганец». Все проверенные торговцы оштрафованы (*tax inspectors*)

нал'оговый (adj.): Информагентства сообщили, что в структурах большой корпорации начались **налоговые проверки** (*taxation checks*)

налогооблож'ение (n.): В 1894 г., ссылаясь на бюджетные трудности, английское правительство того времени ввело прогрессивную шкалу **налогообложения** (*taxation*)

налогоплат'ельщик (m.): Наверное, офисы и гаражи чиновников от этого будут страдать, но средства **налогоплательщиков** будут работать на отечественную промышленность (*taxpayers*)

намеч'ать, нам'етить: Премьер России сломал **намеченный** график чтобы встретиться с американским вице-президентом (*planned*); Вчера заместителя председателя Совета федерации **наметили** кандидатом в председатели (*was nominated*); Однако **намеченное на** 20 июля заседание совета так и не состоялось (*set for*)

напл'ыв (m.): Суточный расход бензина в столице уже вырос из-за **наплыва** покупателей из других областей (*influx*)

направл'ять, напр'авить: Губернатор **направил по факсу** в Воркуту, что он приедет на-днях (*sent a fax*)

нар'езка (f.): Всемирный Банк радикально изменил **нарезку** кредита **по траншам** (*slicing up . . . into tranches*)

наруш'ать, нар'ушить: Задача Уполномоченного по правам человека – рассматривать жалобы на действие или бездействие государственных органов, органов местного самоуправления, должностных лиц и государственных служащих, **нарушающих** законные права граждан (*which infringe*)

насл'едник (m.), **насл'едница** (f.): Частные фонды позволяли **наследникам** сохранять состояние и управлять им (*heirs*)

насл'едный (adj.): Марокканская традиция требует, чтобы **наследный принц** женился ещё при жизни короля (*Crown Prince*)

насл'едство (n.): Большие долги достались России **в наследство** от Советского Союза (*as an inheritance*)

настиг'ать, наст'игнуть ог **наст'ичь**: В начале июня демократический кандидат вдруг неожиданно чуть ли не **настиг** американского вице-президента в опросах общественного мнения (*overtook*)

насто'яние (n.): Глава Фонда соцстраха **по настоянию** министра издал приказ о мерах по переходу на территориальный принцип управления (*at the insistence of*)

наступ'ательный (adj.): Свои **наступательные** бои российские войска уже начали (*attacking, aggressive*)

наступл'ение (n.): Правительство РФ выплачивает по выданным ранее гарантиям **при наступлении** случаев, признанных в установленном порядке гарантийными (*in the event of*); **Наступление** российских войск на Грозный уже подходит к концу (*attack*)

насыщ'ать, нас'ытить: Цель уменьшения квоты на экспорт нефти – увеличить загрузку нефтеперерабатывающих заводов внутри нашей страны, чтобы таким образом **насытить** рынок нефтью и соответственно сбить цену (*satisfy*)

нас'ыщенный (adj.): Вчера у спецпредставителя Президента был очень **насыщенный день** в Пекине (*full/active day*)

натык'аться, наткн'уться (r.): На эту трудность скоро будем **натыкаться** (*come up against*); Жители Косова теперь к сожалению часто **натыкаются на** мины в своих огородах (*walk onto*)

нат'яжка (f.): Следовательно, можно **не допуская натяжки** утверждать, что собственником одного из производителей российских ракет стала натовская страна (*without stretching a point*)

нат'янутый (adj.): Скандалом насчёт цен на бензин в стране объясняются **натянутые** отношения между нефтяными компаниями и министерством энергетики (*strained*)

нац'еливать, нац'елить: «Главный» кредит Всемирного банка, который был одобрён на прошлой неделе вслед за кредитом МВФ, **нацелён** на структурную перестройку экономики (*is aimed*)

национализ'ация (f.): Планы банкротства телевизионной компании и его последующей **национализации**, по сведениям «Коммерсанта», обсуждались в Кремле вполне серьёзно (*nationalization*)

невозвр'ат (m.): Не так давно был снижен кредитный рейтинг Татарстана – именно после **невозврата** синдицированного кредита на 100 млн. долларов (*non-reimbursement*)

недейств'ительный (adj.): Выборы в республике были **признаны недействительными** (*recognized as invalid*)

недополуч'ать, недополуч'ить (+ gen.): Фактически, платежи в наличных деньгах не будут учтены, а это значит, что бюджет непременно **недополучит** собранных налогов (*will receive less than*)

недопуст'имость (f.): На прошлой неделе он, заявив о **недопустимости** упоминать «всуе» Президента, хоть и мягко, но ясно дал понять, что поддерживает Кремль (*impermissibility*)

недораб'отка (f.): В другое время мэр, может, и простил бы ему **недоработки**, но только не сейчас, когда нужно финансировать избирательную кампанию (*defects*)

недоразум'ение (n.): К аресту чеченского уполномоченного в России относятся как к **недоразумению** (*misunderstanding*)

недост'аток (m.): **Недостаток** прибыли можно временно покрывать за счёт повышение розничных цен в тех регионах, где их заправок большинство (*lack*)

незащищённость (f.): В России 70% среднего класса чувствуют свою **незащищённость** из-за отсутствия гарантий материальной поддержки в случае нужды (*defencelessness, lack of protection*)

неистр'аченный (adj.): В резервный фонд также поступают и **неистраченные** средства региональных отделений (*unexpended*)

нейтралит'ет (m.): До недавнего времени премьеру удавалось сохранять **нейтралитет** (*neutrality*)

неконкурентоспос'обный (adj.): Свою продукцию комбинат был вынужден поставлять из Москвы, поэтому она была **неконкурентоспособна** по ценам (*uncompetitive*)

нем'ыслимый (adj.): Дело дошло до **немыслимого**. Начались боевые действия в Югославии (*unthinkable*)

необосн'ованность (f.): **Необоснованность** заключений комиссии не подлежит сомнению (*groundlessness*)

необосн'ованный (adj.): В теперешних условиях любое повышение цен на бензин **необоснованное** (*unjustified*)

неоднозн'ачно (adv.): Результаты выборов показывают **неоднозначно** политическое настроение населения (*ambiguously*)

неотврат'имый (adj.): Чеченский хаос **неотвратимо** расползается в Дагестан, Ингушетию, Ставрополье (*irresistibly*)

неотъ'емлемый (adj.): Россия требовала, чтобы в итоговой резолюции было записано, что Косово останется **неотъемлемой** частью Союзной республики Югославии (*integral* – lit. *unremovable*)

неофици'альный (adj.): В августе в нескольких штатах состоится **неофициальное голосование** (*straw poll*)

неоцен'имый (adj.): Директор МВФ несомненно оказал России **неоценимую** услугу (*invaluable*)

неплатёж

неплатёж (m.): **Неплатежи** зарплаты должны прекратиться до конца настоящего года (*non-payment*)

неповинов'ение (n.): Центр побоялся проигнорировать несомненный гнев сторонников черкесского кандидата, пригрозивших акциями **неповиновения** и выхода всех чисто черкесских земель из состава республики Карачаево-Черкессии (*insubordination*)

неповтор'имый (adj.): Творить мир в Сербии будет **неповторимый** подвиг (*unique, inimitable*)

непосл'едовательный (adj.): Разумеется, такая политика **непоследовательна** (*inconsistent*)

непредсказ'уемый (adj.): А что если **непредсказуемый** белорусский лидер, почувствовав угрозу своей власти, развернёт массовые репрессии против инакомыслящих? (*unpredictable*)

непри'емлемый (adj.): Он позвонил премьеру и заявил, что считает условия главы холдинга **неприемлемыми** (*unacceptable*)

неприкоснов'енность (f.): В экономической сфере, самое важное право, это право на **неприкосновенность** собственности (*inviolability* – see also **иммунитет**)

непроф'ильный (adj.): Урегулировать чеченскую ситуацию, это для любого правительства **непрофильная** задача (lit. *non-standard*: fig. *unusually difficult*)

неразбер'иха (f.): **Неразбериха** в Кремле – дело обычное. Там уже давно правая рука не знает, что делает левая (*muddle*)

нераспростран'ение (n.): Государства подписали договор о **нераспространении** ядерного оружия (*non-proliferation*)

нерезид'ент (m.): **Нерезиденты**, а их среди держателей долгов около 90% (*non-residents*)

несосто'ятельность (f.): В программе подробно рассказывается о долгах телевизионной компании одной нефтяной корпорации и высказывается мысль о финансовой **несостоятельности** холдинга (*insolvency*)

несосто'ятельный (adj.): Говорят, что владелец завода **несостоятелен**, то есть он не в состоянии оплачивать свои долги (*insolvent*); Эта теория не имеет оснований, **несостоятельна** (*baseless*)

нетрудоустр'оенный (m.): Государству легче платить низкие зарплаты, чем давать **нетрудоустроенным** пособия по безработице (*to the unemployed*)

неуст'ойка (f.): Пени и другие виды **неустоек** приводят к увеличению обязательств компаний перед кредиторами (*forfeits*)

неуст'ойчивый (adj.): В **неустойчивой** макроэкономической ситуации подобные меры – крайне опасны, поскольку способны немедленно спровоцировать скачок инфляции (*unstable*)

нехв'атка (f.): **Нехватка** электричества заставляет многих покинуть русский север (*lack, shortage*)

нецелев'ой (adj.): Последний кредит был выделен несмотря на то, что совсем недавно появились сведения о «**нецелевом** использовании» кредитов, выданных МВФ в 1996 году (*unauthorized*)

нецелесообр'азный (adj.): Фактическое исключение Бюджета развития из состава Федерального Бюджета в данный момент представляется **нецелесообразным** (*inadvisable*)

низкодох'одный (adj.): Было бы также важно, конечно, сконцентрировать большинство финансовой поддержки на **низкодоходных** группах населения (*low-paid*)

номенклат'ура (f.): Крупные предприятия-монстры — это не частный капитал. Это прежде всего капитал смешанный, с участием государства, дельцов из бывшей **номенклатуры**, криминала (lit. *nomenclature*, i.e. strictly, those considered by the CPSU to be fit to occupy listed key administrative posts: more broadly nowadays, former Communist Party and Soviet functionaries)

н'орма (f.): Их рабочая неделя превышает **нормы** трудового законодательства (*standards*)

нормат'ивный (adj.): **Нормативные** акты правительства издаются в форме постановлений (*regulatory*)

ньюсм'ейкер (m.): Рассматриваются самые разные предложения — с одной стороны, лишение телеканала лицензии, с другой запрет основным **ньюсмейкерам** из властных структур появляться в эфире этой телекомпании (*newsmakers*)

О

обв'ал (m.): **Обвал** фондового рынка — разве это не заказ наших недругов? (*collapse*)

обв'альный (adj.): Обращает на себя внимание **обвальное положение** биржевых котировок (lit. *avalanche-like: free-fall state*)

обвин'ение (n.): Судье пришлось слышать много **обвинений** в адрес Президента (*accusations*); Генпрокуратура России предъявила **обвинение** в организации массовых беспорядков одному из главных дагестанских оппозиционеров (*indictment*)

обезл'ичивание (n.): Объединение средств Бюджета РФ со средствами частных инвесторов повлечёт за собой **обезличивание** государственной собственности (*absence of responsibility for*)

обёртываться, оберн'уться (г.): Всё зависит от того, чем **обернётся** новая экономическая политика (*will turn out*)

обеспеч'ение (n.): Союзные войска приняли участие в **обеспечении мирного порядка** (*securing of peace*)

обесп'ечивать, обесп'ечить: Президент пытается **обеспечить** их представительство в органах власти республики (*ensure*); Чтобы решить проблему повышений цен на бензин, губернатор пообещал **обеспечивать** область нефтепродуктами (*supply*)

обесц'ениваться, обесц'ениться (г.): У граждан стран, проводящих неправильную политику валютного контроля, нет выхода – им нужно как-то спасать свои **обесценивающиеся** деньги (*depreciating*)

обж'алование (n.): Адвокаты имеют право на **обжалование** судебного приговора (*appeal* – see also **апелляция**)

обж'аловаться (г.): Если решение успешно **обжалуется** на суде, вердикт может потом быть опровергнут (*is appealed against*)

облаг'аться, облож'иться (г.): Сейчас переводят деньги в США потому что там в отличие от Швейцарии проценты, полученные иностранцами по банковским вкладам, вообще **не облагаются** подоходным налогом (*are not levied*)

'область (f.): Члены Российской Академии Наук – крупные специалисты по разным **областям** науки (*areas*); По Российской Конституции субъектами федерации могут быть края, автономные республики, **области** (*regions* – see also **край, округ, регион, участок**)

облиг'ация (f.): Местные долги можно разделить на четыре основные группы: рублёвые **облигации**, валютные (евро-) **облигации**, агрооблигации и коммерческие кредиты, бравшиеся под гарантии местных администраций (*bonds*)

обм'енивать, обмен'ять: Не так давно на рынке появилась и новая тенденция – **обменивать** рублёвые облигации на валютные (*exchange*)

обнал'ичивать, обнал'ичить: Здесь **обналичивают** чеки (*encash, cash*)

обнар'уживать, обнар'ужить: В квартире подозреваемого полицейские **обнаружили** огнестрельное оружие (*discovered*)

обнар'уживаться, обнар'ужиться (г.): Так казалось. Но **обнаружилась** удивительная вещь (*was revealed*)

обнищ'ание (n.): Стандарты потребления российского среднего класса не такие уж низкие и разрушают миф его прогрессирующего **обнищания** (*impoverishment*)

обознач'ать, обозн'ачить: Министр иностранных дел России сегодня вполне чётко **обозначил** обоснованные требования Российской Федерации (*stressed*)

обор'она

обор'она (f.): Теперь российские войска переходят от **обороны** к наступлению (*defence*)

оборон'ительный (adj.): Начать своё наступление Россия может не ранее, чем удастся измотать врага в **оборонительных боях** (*defensive*)

обор'онный (adj.): Надо позаботиться о финансировании **оборонного комплекса** (*defence complex* – see also Abbreviations under **ВПК**)

обор'онщик (m.): **Оборонщики** в руках держат всё: и промышленность, и сельское хозяйство, всё (lit. *defenders*, i.e. defence forces)

обор'отный (adj.): По закону, 5% денег фонда – **оборотные средства**, они аккумулируются в резервном фонде (*working capital*)

обосн'ованность (f.): Думе некогда проверить **обоснованность** заключений комиссии (*soundness*)

обосн'овывать, обоснов'ать: Выступая с длинной речью, премьер **обосновывал** свои взгляды на целый ряд вопросов (*substantiated*)

обостр'ение (n.): Президент за последнее время пошёл на резкое **обострение** своей позиции (*intensification*)

обостр'яться, обостр'иться (г.): У левой оппозиции вновь **обострился** революционный синдром (*has become more acute*)

об'очина (f.): Президент теперь отодвинут на **обочину** политической жизни (fig. *sidelines* – lit. *roadside*)

обраб'атывать, обраб'отать: За последние годы **металлообрабатывающая промышленность** начала терять своё прежнее значение (*metal-processing industry*)

образц'овый (adj.): Типичной чертой архитектуры Москвы двадцатых годов являются **образцовые** рабочие посёлки конструктивистских окраин города (*model*)

обр'атный (adj.): Данный закон не имеет **обратной силы** и следственно не применяется к событиям, произошедшим до начала месяца (*retrospective force*); На этом письме не было **обратного** адреса, адреса отправителя (*return*)

обращ'ение (n.): Парламент Адыгея принял **обращение** в поддержку черкесского лидера (*appeal*); Почти все русские регионы уже давно выпустили так называемые агрооблигации со сроком **обращения** только одного года (*circulation*)

обрыв'ать, оборв'ать: Западная сторона угрозила **оборвать** переговоры если уступки не будут с сербской стороны (*break off*); Богатый финансист дал знать, что если ему предъявят иск, то он сразу готов **оборвать дело** (*break off a deal*)

обрыв'аться, оборв'аться (г.): Прямая связь с Грузией к сожалению постоянно **обрывается** (*breaks up*)

обсл'уживание (n.): Вице-президент США поддерживает ряд социально значимых инициатив, таких, как модернизацию медицинского

обставл'ять

обслуживания (*service*); Регион стоит перед альтернативой – дефолт и конфликт с кредиторами или тяжкие годы бюджетного дефицита из-за **обслуживания** внешнего долга (*servicing*)

обставл'ять, обст'авить: Американцы **обставили условиями** договор о выводе войск из Косова (*hedged around with conditions*)

обстан'овка (f.): Эти меры должны способствовать постепенному смягчению **обстановки** в республике (*conditions*)

обузд'ание (n.): Первая же недавно широко разрекламированная правительством акция по **обузданию** цен совсем провалилась (*restraining*)

обх'одиться, обойт'ись (г.): Конфликт на северном Кавказе **не обошёлся и без** многих жертв (*cost*: N.B. **не** and **без** in practice form a double negative)

общ'аться (impf. only): **Общаясь** с простыми людьми и тихоокеанскими моряками, премьер пытался демонстрировать спокойствие и уверенность (*by mixing with*)

общенар'одный (adj.): Через либерализацию, всё **общенародное** либо государственное станет принадлежать очень узкому кругу богатых людей (*nationalized*)

общ'ественность (f.): Во время кругосветного турне, премьер по всей видимости хотел привлечь максимальное внимание **общественности** к своей персоне (*the public*)

общ'ественный (adj.): **Общественное мнение** было уже стопроцентно подготовлено к тому, чтобы за покушение на областную благотворительность перегрызть кому угодно глотку (*public opinion*)

объедин'яться, объедин'иться (г.): Происходит сейчас полная реструктуризация **объединяющихся** банков (*merging*)

объ'ект (m.): Зачем автомобильный завод должен содержать такие **объекты**, как детские сады, общежития? (*facilities*); Из-за нехватки средств, работы остановились на новой магистрали, но сейчас можно наблюдать оживление на **объектах** (*sites*); Жители Белграда начинают привыкать к тому, что они являются **объектами** бомб (*targets*)

объём (m.): Планируемый **объём экспорта** компании «Росвооружение» в 1999 году – $2,5 млрд. (*export volume*)

объявл'ять, объяв'ить (+ acc. + inst.): Воюющие стороны **объявили перемирие** (*declared a truce*); Председатель объявил конференцию **открытой**/заседание **открытым** (*declared . . . open*); Фирму **объявили банкротом** (*declared bankrupt*); Если возбуждено уголовное дело, прокуратура имеет право **объявить обвиняемого в розыск** (*begin an investigation into the accused*)

'обыск (m.): Адвокат швейцарской фирмы назвал документы «чистой фальсификацией», последствием которой стали **обыски** в трёх офисах отделений швейцарской фирмы (*official searches*)

обяз'ательный (adj.): Сейчас Россия не в состоянии проводить **обязательные** платежи (*obligatory*)

обяз'ательство (n.): Голосование ставит **обязательства** которые поставят премьера в неловкое положение (*liabilities*); Реструктуризация и свёртывание балансов объединяющихся банков производится путём дисконтирования **обязательств** при максимальном сохранении рабочих активов (*commitments*)

оглаш'ать, оглас'ить: Сегодня будет **оглашён** приговор суда по этому делу (*announced*)

огл'ядка (f.): Оппозиция сможет очень скоро сама устанавливать новые правила, **без оглядки на** Президента (*without regard to*)

огов'орка (f.): Депутаты поддерживают премьера, но только с **оговорками** (*reservations*)

од'ерживать, одерж'ать: Под его руководством НАТО **одержала победу** в югославской кампании (*won a victory*)

одёргивать, одёрн'уть: Президент, устами своего пресс-секретаря, **одёрнул** некоторых российских политиков которые допустили заявления явно провокационного характера (*called to order*)

од'ин: После пресс-конференции президенты участвовали в разговоре **один на один** (*one on one*)

однозн'ачно (adv.): Надо **однозначно** говорить то, что думаешь (*unambiguously*)

одноманд'атный (adj.): Центризбирком обращает внимание на проблему **одномандатных округов**, во многих из которых живёт всего несколько десятков тысяч избирателей (*single-member constituencies*)

одностор'онний (adj.): Новый закон об употреблении латвийского языка поведёт к введению **односторонних** экономических санкций против латвийского правительства (*unilateral* – see also **двухсторонний, трёхсторонний**)

одобр'ять, од'обрить: Законопроект о национальностях был рассмотрен и **одобрен** Советом Федерации (*approved*)

ожесточённый (adj.): Освободительный фронт неизбежно встретит **ожесточённое** сопротивление марокканской правящей элиты и общественного мнения (*dogged, determined*)

озаб'оченность (f.): Агрессивные поступки югославской стороны вызывают серьёзную **озабоченность** союзников (*are causing serious concern*)

оздоровл'ение (n.): Через «Экологический фонд **оздоровления** России» прошло 75 миллионов рублей (*recovery*)

оказ'ание (n.): Полицейские занимались **оказанием помощи** жертвам инцидента (*rendering of aid*)

ок'ошко (n.): Русский премьер считал ситуацию достаточно угрожающей, чтобы сразу **находить окошко** и встретиться сегодня с представителем ООН (*find a window*)

'округ (m.): В России города делятся на **избирательные округа**. Каждый округ должен содержать около полумиллиона избирателей (*electoral district, constituency*); Эта неделя в Думе свободна от заседаний, и депутаты готовятся к разъездам по своим **округам** (*constituencies* – see also **край, область, регион, участок**): **федеральный округ**, Federal District, created by Vladimir Putin in May 2000.

окруж'ающий (adj.): Американский вице-президент любит часто выступать в защиту **окружающей среды**, за что его давно прозвали «зелёным» (*environment*)

окруж'ение (n.): Такой жёсткой критики президентского **окружения** в программе «Итоги» не звучало с 1995 года (*entourage*)

олиг'арх (m.): Источник многих бед сегодня видят даже не в **олигархах**, а в монетаризме; Это признают и так называемые **олигархи** – представители финансово-экономической элиты (*oligarchs*, i.e. the rich and powerful)

омбудсм'ен (m.): **Омбудсмен** Польши получает около сорока тысяч жалоб в год, что считается мировым рекордом (*ombudsman*)

ом'оновец (m.): Белый дом был окружён **омоновцами** (*security guards* – see Abbreviations under **ОМОН**)

оп'ала (f.): Говорят, бывший фаворит попал в **опалу** (*disgrace*)

оп'альный (adj.): История с паспортом **опального** генпрокурора была подстроена чиновниками (*disgraced*)

опас'ение (n.): Партии выразили серьёзные **опасения** насчёт того, смогут ли они работать вместе (*reservations*)

операт'ивник (m.): О преступной группировке, совершающей разбойные нападения на квартиры состоятельных москвичей, **оперативникам** стало известно около месяца назад (*policemen*)

операт'ивный (adj.): Местные служащие не всегда **оперативно** реагируют на поступающие жалобы граждан (*efficiently*); МИДы России и Чечни обменялись **оперативными** информациями о событиях на Северном Кавказе (*operational*)

опер'ация (f.): В дни до недавней девальвации, правительство остановило все валютные **операции** (*transactions*)

опереж'ать, оперед'ить: На выборах одержал победу кандидат правящей коалиции, почти на 15% **опередивший** бывшего премьера страны (*who beat*)

опереж'ение (n.): Цены на импорт, которые до среды повышались даже **с опережением** курса доллара, теперь, когда он пошёл вниз, отстают от него примерно на треть (*in anticipation of*)

опер'ировать (in fig. sense, impf. only: + inst.): В статье 5 Федерального закона, законодатель **оперирует** следующим термином «государственные гарантии Бюджета развития» (*makes use of*)

опознав'ать, опозн'ать: Отец прибыл в морг и не мог **опознать** в убитом своего сына (*identify*)

оппозицион'ер (m.): Генпрокуратура России предъявила обвинение в организации массовых беспорядков одному из главных дагестанских **оппозиционеров** (*oppositionists*)

опр'авдывать, оправд'ать: После очень долгого процесса, суд наконец **оправдал** его (*acquit*); Речь премьера **оправдывает** доверие Думского большинства (*justifies*)

опр'ашивать, опрос'ить: Почти четверть **опрошенных** россиян (24%) относят себя к среднему классу (*surveyed*)

определ'ение (n.): **Определение** Бюджета развития как специальный инструмент государственного стимулирования инвестиционной активности не вполне отвечает его сути (*definition*); МВФ **по определению** следит, как исполняется бюджет (*by definition*); Получение **определения суда** ещё не означает получения денег (*court judgment*)

определ'ять, определ'ить: Решение любой проблемы он начинает с того, чтобы **определять** что можно, а что невозможно (*define*)

опр'обоваться (r., impf. and pf.): Эта новая технология будет **опробоваться** в одном из банков системы (*be tested*)

опроверг'ать, опров'ергнуть: Чеченское правительство **опровергает** эту информацию как фантазию российского МИДа (*denies*); Вердикт суда был **опровергнут** (*overturned*)

опроверж'ение (n.): Пресс-секретарь Президента дал категорическое **опровержение** информации на пресс-конференции в Кремле (*denial*); **Опровержение** данного вердикта не заставит себя долго ждать (*overturning*)

опр'ос (m.): **Опросы общественного мнения** показали, что большинство населения не хочет видеть этого политического деятеля премьер-министром (*public opinion surveys*)

оптов'ик (m.): Как вчера стало известно, московские **оптовики** резко снизили отпускные цены на целый ряд товаров первой необходимости (*wholesalers*)

опт'овый (adj.): Напомним, по этому документу **оптовые цены** на 76-й и 92-й бензин на заводах-производителях фиксировались более чем на полгода (*wholesale prices*)

опуск'аться, опуст'иться (r.): Цены на товары отечественного производства, которые до настоящего кризиса меньше подешевели, по всей видимости и те теперь начнут **опускаться** (*fall*)

'ордер (m. – pl. **ордер'а**): Пострадавшие от последствий взрыва получили **ордера** на новые квартиры (*warrants, authorizations*)

ор'ужие (n.): Вотум недоверия в правительство служит **оружием** в руках думской оппозиции (lit. and fig. *weapon*)

ос'ада (f.): Здание посольства в данный момент находится под настоящей **осадой** (*siege*)

осведомлённый (adj.): Как утверждают **осведомлённые** люди, компромат, необходимый для добровольного ухода видного промышленника в отставку, уже собран и ждёт своего часа (*well-informed*)

освобожд'ать, освобод'ить: Речь идёт о правильном толковании закона который **освобождает** военных юристов от уголовной ответственности (*relieves*); Министр просил всех журналистов **освободить** зал (*vacate*); Задержанных привезли на стадионы, а большинство из них вскоре **освободили** (*set free*)

освобожд'аться, освобод'иться (r.): К началу весны время **освободится** для сельскохозяйственных работ (*will become available*)

осво'ение (n.): Сербы, как они сами утверждают, сделают всё, чтобы не допустить натовских «агрессоров» к **освоению** выделённых ими же средств (*control*)

осмотр'ительный (adj.): Да и союзников ныне надо выбирать **осмотрительнее** (*more cautiously*)

осм'ысливать or **осмысл'ять, осмысл'ить**: Творчески **осмыслив** известный тезис о том, что у революционеров нет родины, организаторы КПРФ внесли свой выдающийся вклад в теорию и практику коммунистического движения (*reinterpreting, rethinking*)

основ'ание (n.): **Есть основание думать**, что нынешнее подорожание бензина в Санкт Петербурге и Ленинградской области – чисто местное явление (*there are grounds for thinking*)

осознав'ать, осозн'ать: Необходимость новой структуры в администрации американские власти **осознали** во время недавней войны в Югославии (*became aware of*)

оставл'ять, ост'авить: Также не надо **оставлять без внимания** тот факт, что положение не безысходно (*overlook*); Гендиректор завода заявил, что в случае продолжения кризиса руководство предприятия **оставляет за собой право** корректировать цены на свою продукцию (*retains the right*)

ост'анки (m. pl.): **Останки** должны пройти криминалистическую экспертизу (*the remains*)

осуществл'яться, осуществ'иться (r.): Политика поддержки ГКО **осуществлялась** от имени государства (*was carried out*)

осяз'аемый (adj.): В переговорах есть **осязаемый**, хотя медленный, прогресс (*palpable*)

отбир'ать, отобр'ать: Правительство у Ельцина **отобрано** (*has been removed*); Осталось **отобрать** Кремль (*removed*)

отбыв'ание (n.): **Отбывание** срока наказания, это — главная цель тюремного заключения (*serving*)

отбыв'ать, отб'ыть: Сегодня министр **отбывает** самолётом от Шереметьева во Францию (*leaves*)

отвёрточный (adj.): Начало так называемой **отвёрточной сборки** на СП намечено на февраль 2000 года (*screwdriver assembly*)

отв'етный (adj.): Арест чеченского представителя в России можно считать **ответным ходом** на похищение Генерала Шпигуна (*answering move*)

отв'етственность (f.): **Ответственность** за вопросы внутренних дел возложена на замминистра (*responsibility*)

отв'етчик (m.): В иске поднятом против этого известного олигарха, главный **ответчик** не появился перед судом (*respondent, defendant*)

отвеч'ать, отв'етить: На грубые слова оппонента думец **ответил тем же** (*answered in kind*); Президент сказал, что будут **отвечать головой** если что-то тут течёт (*be sacked*)

отв'од (m.): Возможный выход из кризиса, это **отвод** сербских войск из Косова (*pulling-out, withdrawal*)

отвод'ить, отвест'и: На предвыборный период Кремль **отводит** этому органу одну из ключевых ролей: контроль за работой силовых ведомств (*is assigning*)

отвоёвывать, отвоев'ать: Пока индийские войска **не отвоевали** свою территорию (*have not won back*)

отдав'ать, отд'ать: По предварительным расчётам, столица должна была **отдать** все долги к июню этого года (*repay*)

отдел'ение (n.): Поэтому Федеральная резервная система не борется с офшорами и разрешает американским банкам иметь офшорные **отделения** (*departments, divisions*)

отд'ельно (adv.): Один из основных лозунгов сталинизма — **социализм в отдельно взятой стране** (*socialism in a single country*)

отд'ельный (adj.): Наша конституция является списком прав **отдельной личности** и общества в целом (*of the individual*)

от'ечественный (adj.): Низкодоходные группы населения преимущественно предъявляют спрос на более дешёвые **отечественные** товары (*domestically produced*)

'отзыв (m.): Требований было три. . . . Во-вторых, **отзыв** требования о погашении ОВВЗ (*retracting*); Своеобразным рекордсменом по числу негативных **отзывов** насчёт бензинового кризиса стала Ростовская область (*opinions*)

отзыв'ать, отозв'ать: Центробанк вчера **отозвал** лицензии сразу двенадцати коммерческих банков (*recalled*)

отзыв'аться, отозв'аться (r.): Как думцы **отзовутся** на ход Президента, пока трудно предсказывать (*react*)

отк'аз (m.): Из-за **отказа** двух боковых двигателей, самолёт упал на землю (*engine failure*)

отк'азываться, отказ'аться (r.): Лидер КПРФ тут же от имени партии **отказался от** слов депутата (*repudiate*); Свидетель **отказался от своих показаний** (*withdrew his testimony*); Если большинство представителей высшего слоя среднего класса по-прежнему **ни в чём себе не отказывают**, то собственно средний класс стал экономить прежде всего на отдыхе (*deny themselves nothing*)

отк'алываться, откол'оться (r.): Часть этих денег растащили отраслевые профсоюзы, **отколовшиеся от** Федерации (*which split off from*)

откл'адываться, отлож'иться (r.): Референдум, однако, неоднократно **откладывался** (*was postponed*)

отклик'аться, откл'икнуться (r.): Западные СМИ с энтузиазмом **откликнулись на** начавшееся потепление в отношениях России и НАТО (*reacted/responded to*)

отклон'ять, отклон'ить: Государственная Дума **отклонила** предложение Президента (*rejected*)

откомандир'овывать, откомандиров'ать: Именно бывший премьер **откомандирован** противниками московского мэра на идеологический фронт (*assigned*)

открыв'ать к'арты (impf. + f. pl.): Сам премьер не торопится **открывать карты** (*reveal his hand*)

отл'ичие (n.): **В отличие от** Запада, где собственное жильё является символом успеха и благосостояния, для нашего потребителя таким признаком служит автомобиль (*as distinct from*)

отмен'ение (n.): Из-за проблем на выборных участках в самом деле состоялось **отменение** результатов второго тура выборов в республике (*cancellation*)

отмен'ять, отмен'ить: Верховный Суд имеет абсолютное право **отменить решения** всех низших инстанций (*overrule*)

отм'етка (f.): При закрытии торгов на лондонской бирже курс евро был зафиксирован на **отметке** $1,05 (*'mark', level*)

отмеч'ать, отм'етить: Вчера имели место разные официальные мероприятия **отмечающие** День Победы (*marking*)

отмыв'ание (n.): По словам министра, благотворительные фонды часто служат путём для **отмывания денег** (*money-laundering*)

относ'ить

относ'ить, отнест'и: Закон **относит** обязательства, гарантированные Правительством РФ, **к** составляющей государственного внутреннего долга РФ (*treats . . . as*); 600 млн. долл. **отнесены к** финансированию 2000 года и очевидно – на период после президентских выборов (*intended for*)

отнош'ение (n.): Показателен **в этом отношении** пример московской области (*in this respect/regard*)

отп'ор (m.): Наши войска готовы **дать врагу** решительный **отпор** (*repulse the enemy*)

отправл'ять, отпр'авить: Президент ещё раз **отправил** министров **в отставку** (*sacked*)

отправн'ая т'очка (adj. + f.): **Отправная точка** в решении проблемы, это признание, что проблема существует (*starting point*)

отпуск'ать, отпуст'ить: Курс рубля **отпущен** в свободное плавание (*has been allowed to*); МВФ сегодня **отпустил** России очередной транш кредита (*released*)

отпускн'ой (adj.): На нефтеперерабатывающем заводе **отпускная цена** 92-й бензин составила 4250 рублей за тонну, в то время как до первого января 2000 года для завода был установлен ценовой предел в 4200 рублей за тонну (*factory-gate price*)

отраб'атывать, отраб'отать: Милиция не в состоянии ловить настоящих преступников, и поэтому **отрабатывает свою зарплату** на честных людях (*work off their salaries*)

отраж'ение (n.): Сегодня **отражение** всяких возможных военных угроз – уже не в самом деле столько чисто военная, сколько военно-политическая задача (*repelling*)

'отрасль (f.): Предприятия ядерной **отрасли** были построены вблизи крупных городов России, а в самих городах разместились исследовательские реакторы (*branch of industry*)

отрез'ать, отр'езать: Омоновцы **отрезали** бандам террористов их **путь к бегству** (*cut off escape*)

отрек'аться, отр'ечься (r.): Подряд будет предоставлен России только в том случае, если Москва в конце концов **отречётся** от Слободана Милошевича (*renounces*); отрекаться от престола (*abdicate*)

отреч'ение (n.): **Отречение** от престола Царя Николая II означило конец царской России (*abdication*)

отреш'ение (n.): Дума уже давно обсуждает вопрос об **отрешении** Президента от должности (*suspension*)

отр'инуть (pf. only): В последние годы в Китае, многие основополагающие комминистические догмы были постепенно и без особого шума **отринуты** (*jettisoned*)

отср'очка (f.): Россия требует от МВФ **отсрочку** выплаты своих долгов (*postponement* – see also **реструктуризация**)

отст'авка (f.): Президент принял **отставку** всех министров, всего правительства (*resignation*); После всех шумных скандалов, министр готов **подать в отставку** (*resign*)

отста'ивать, отсто'ять: Нынешние обитатели Кремля склонны издеваться над теми самыми ценностями, непреложность которых мы искренне **отстаиваем** (*advocate*)

отстран'ять, отстран'ить: Маршал **отстранил** генерала **от командования** (*relieved of command*)

отступ'ать, отступ'ить: И тут выяснилось, что **отступать** некуда как раз россиянам (*retreat*); По мере того как проблемы обороны **отступали** на второй план, военная мощь стала рассматриваться как инструмент обеспечения прав человека (*receded*)

отступл'ение (n.): Депутаты позволили себе **отступление от** темы импичмента (*digression from*)

отступн'ое (n.): Вчера, после встречи с Президентом, этот видный политик получил **отступного** в виде поста спецпредставителя президента по связям с МВФ (*compensation*)

отх'оды (m. pl.): В Москве, на пример, девять ядерных реакторов. Из них семь находятся в одном Курчатовском институте, на территории которого скопилось за много лет огромное количество радиоактивных **отходов** (*waste*)

отчёт (m.): Министр прочитал **отчёт** о деятельности правительства за последних восемь месяцев (*report*)

отч'итывать, отчит'ать (+ dat., за + acc.): Президент **отчитывает** министру за невыполнение президентских поручений (*reprimands, tells off*)

отчужд'ать, отчуд'ить: Акции, как выяснила московская прокуратура, в сентябре были **отчуждены** в пользу трёх неизвестных иностранных компаний (*sequestered*)

оформл'ять, оф'ормить: Они **оформили** анкеты на визу там же, в посольстве (*filled in, made out*)

офш'ор (m.): В США 60% компаний на Уолл-стрит работают через **офшоры** (*offshore zones*)

офш'орный (adj.): Деньги в конце концов оказались в **офшорных счетах** (*offshore accounts*); Центральный банк России начал наступление на **офшорные операции** российских коммерческих банков (*offshore transactions*)

охв'ат (m.): Естественно Кремль всеми доступными ему способами будет пытаться отобрать у своего оппонента мэра Москвы третий **по охвату населения** общенациональный телевизионный канал (*in coverage of the population*)

охв'атывать, охват'ить: Из-за событий в Бельгии, в данный момент Европу **охватывает** диоксиновая паника (*Europe is gripped by*);

охлажд'ать

Самым опасным является тот факт, что **площадь охваченная огнём** лежит очень близко от города (*area occupied by the fire*)

охлажд'ать, охлад'ить: Война в Балканах безусловно **охладила** отношения между Россией и Францией (*cooled*)

ох'ота (f.): Потребовалось ещё пять лет «**охоты на ведьм**», прежде чем истерия пошла на убыль (*witch-hunt*)

оц'енивать, оцен'ить: У нас продолжают **оценивать** их действия на основе традиционных взглядов о цели войны (*evaluate*)

очев'идец (m.): По словам **очевидцев** бомбы упали в разных местах города (*eyewitness*)

очередн'ой (adj.): Сегодня в Дагестане был совершён **очередной** теракт (*latest*); На своём **очередном** заседании Госдума обсуждает проблемы с бюджетом (*next*)

П

пад'ение (m.): При нашей нынешней инфляции на **падение** цен продуктов вряд ли можно надеяться (*fall*)

пак'ет (m.): Голосование за **пакет кандидатов** – частое явление в политической жизни (*slate of candidates*); Бизнесмены продают целые **пакеты акций** (*holdings of shares*); Английский бизнесмен отказался от **контрольного пакета акций** некоей транспортной компании (*controlling holding*); Дума рассмотрела целый **пакет законопроектов**, необходимых для получения средств от МВФ (*raft of measures*); Солидный **пакет соглашений** может быть запущен без предварительной проработки (*set of agreements*)

пак'етный (adj.): Депутаты часто занимаются **пакетным голосованием** – то есть, голосованием за целый список кандидатов или политических мер (*voting by list of policies / slate of candidates*)

пал'ата (f.): Госдума является нижней **палатой** российского парламента ([*assembly/parliament*] *house*)

п'алец (m.): **По пальцам можно сосчитать** места, которые на протяжении всей новейшей истории Москвы сохранили хотя бы своё название, вроде Большого театра или Красной площади (*one can count . . . on one's fingers/on the fingers of one hand*)

паних'ида (f.): Патриарх московский **обслужил панихиду** в Белграде сегодня (*held a funeral service*); **гражданская панихида** (*memorial service*)

паразит'изм (m.): В условиях массовой безработицы, придётся также скоро решить распространённую сегодня проблему **социального паразитизма** (*welfare sponging*)

парализов'ать (impf.): Деятельность милиции **парализована** вследствии забастовки (*paralysed, stopped*)

пар'ировать: «Я могу не знать каких-то деталей внешней политики, но зато я знаю, как быть лидером», **парирует** кандидат все упрёки (*parries*)

парит'етный (adj.): Банки создадут «холдинговую компанию» **на паритетных началах** (*on a parity basis*)

парк (m.): Потребность авиакомпаний в обновлении **парка** может быть обеспечена отечественной продукцией (*fleet*)

парк'овка (f): Любые нарушения порядка заполнения и предъявления парковочного билета рассматриваются как неуплата за **парковку** (*parking*)

парк'овочный (adj.): **Парковочный** билет должен быть заполнен согласно правил, указанных на обратной стороне билета (*parking*)

парламент'арий (m.): **Парламентарии** решили заседать до полуночи; **Парламентарии** разъехались на встречи с избирателями (*MPs*)

п'артия (f.): В Думе есть множество **политических партий** (*political parties*); Вся **партия** (более 2 кг высококачественного опия-сырца) была раскрыта (*consignment*)

пассажировмест'имость (f.): **Пассажировместимость** нового самолёта компании «Боинг» превышает 350 (*passenger capacity*)

п'ейджер (m.): Бандитов нашли по **пейджеру** (*pager*)

пенси'онный (adj.): **Пенсионный фонд** имеет 250 млрд. р. (*pension fund*)

п'еня (f.): Растущие **пени** также приводят к увеличению обязательств перед кредиторами (*fine*)

первоочерёдный or **первоочередн'ой** (adj.): **В первоочередном порядке** надо решить вопрос об импичменте Президента (*as a priority*)

перевод'ить, перевест'и: В сущности, офшор – это всего лишь место, привлекательное для богатых иностранцев, которые либо сами приезжают туда со своими деньгами, либо просто **переводят** туда деньги, оставаясь жить на родине (*transfer*)

перевор'от (m.): Во что это выльется? В военный **переворот**, ибо на конституционный выход вряд ли можно надеяться (*coup*)

перевыполн'ять, перев'ыполнить: В первой половине финансового года ведомству удалось чудом **перевыполнить** план, и только за счёт того, что он был изначально небольшим (*overfulfil*)

перегов'орщик (m.): Вопрос об урегулировании конфликта в Чечне был решён **переговорщиками** (*negotiators*); Милошевич – очень трудный **переговорщик**: его приходится десять раз разговаривать (*negotiating partner*)

перегов'оры (pl.): Япония и Россия долгие годы вели **переговоры о мирном урегулировании** (*peace negotiations*): После долгого перерыва представители стран вернулись **за стол переговоров** (*to the negotiating table*); Президенты будут участвовать **в переговорах на высшем уровне/в верхах** (*summit talks/negotiations*)

перегр'узка (f.): Так что теоретически бюджет не должен страдать от **перегрузки** долгами, но после кризиса об этом можно только мечтать (*excess*)

передав'ать, перед'ать (+ acc. + inst.): Последний долг Президента РФ состоит в том, чтобы **передать** власть законно избранному преемнику в установленный законом момент (*hand over*)

передов'ой (adj.): **Передовой отряд** уже пошёл в атаку (*front-line troops*); Думцы, это вряд ли представители самых **передовых** идей (*progressive, advanced*); В **передовой статье** говорится об экономическом кризисе в стране (*leading article, 'leader'*)

пере'игрывать, переигр'ать: Московский мэр, в своём праведном гневе, несколько **переиграл**, чем он опять вызвал новое раздражение президента (*overacted*)

пере'избранный (p.p. passive): Иванов был **переизбран на** пост президента народного собрания (*re-elected to*)

перекл'адывать, перелож'ить: Шустрый политик всегда найдёт способ **перекладывать ответственность на** оппонента (*shift responsibility onto*)

переключ'ать, переключ'ить: Министр хочет **переключить** внимание публики на экономические вопросы (*shift*)

переключ'ение (n.): Он хочет помогать реальному сектору экономики путём **переключения** денежных потоков с финансового рынка (*switching*)

перел'ом (m.): Теперь мы переживаем радикальный **перелом** ситуации в стране (*alteration, change*)

перем'енный (adj.): В президентском указе речь идёт о погашении государственных облигаций **с переменным купонным доходом** (*with variable yields*)

перем'ирие (n.): Некоторые вооружённые банды нарушили временное **перемирие** (*truce*)

перенац'еливание (n.): В ответ на бомбардировки НАТО в Сербии президент РФ говорил о **перенацеливании** русских ракет на западные страны (*retargeting*)

перен'ос (m.): **Перенос** процедуры импичмента в данный момент не имеет смысла (*postponement*)

перенос'ить, перенест'и: Не нужно **переносить сроки** выбора мэра Москвы (*put off*); Регионы предлагают реструктуризацию, стремясь **перенести** крупные платежи по долгам на 2001–2003 годы (*postpone*)

переобуч'аться, переобуч'иться (г.): Те, кто продолжают работать в государственных предприятиях, теряют возможность **переобучаться** (*be retrained*)

переоформл'ение (n.): Как стало известно «Коммерсанту», западные кредиторы намерены добиваться **переоформления** долгов Московской области по облигациям в валютный заём (*restructuring*)

переохлажд'ение (n.): В данный момент, учитывая конфликты в восточной Европе, существует большая опасность **переохлаждения** международных отношений (*refreezing*)

переоц'енивать, переоцен'ить: Переговоры находятся лишь на начальном этапе, так что не надо **переоценивать** их значение (*overestimate*)

переп'алка (f.): Надеемся, что в Думе будет настоящая дискуссия, а не **словесная перепалка** (*verbal skirmishing*)

переподгот'овка (f.): Российские военнослужащие должны проходить **переподготовку** (*retraining*)

пераб'атывать, перераб'отать: До внесения нового закона в Думу, правительство хочет его немного **переработать** (*rework, revise*); Завод **перерабатывает** нефть (*processes*)

перераб'атывающий (adj.): Теперь всё производство древесины идёт на **перерабатывающие предприятия** в Скандинавии (*processing factories*)

перераб'отка (f.): По технологии **переработки отходов** мы до сих пор обгоняем весь мир лет на десять (*waste processing*); Правительство уже недавно приступило к **переработке** этого важного законопроекта (*redrafting*)

перераспредел'ение (n.): Согласие на **перераспределение полномочий** между президентом, Думой и правительством должно было снять с Президента большую часть ответственности за крах экономических реформ (*reallocation of responsibilities*); Конгресс подчеркнул, что главной целью нового налога является **перераспределение богатства** (*redistribution of wealth*)

перераспредел'ять, перераспредел'ить: По закону Фонд соцстраха должен **перераспределять** все деньги из упомянутого выше резервного фонда в регионы (*redistribute*)

пераст'ать, пераст'и: В любой момент боевые действия на Балканах могут **перерасти** в международный конфликт (*expand into*)

пересек'ать, перес'ечь: Захватчики **пересекли** разделяющую две страны границу (*cross*)

перестан'овка (f.): Подробнее о планах директора Центрального Банка и **перестановках** в ЦБ мы расскажем в следующем номере (*reshuffles*); Сегодня Президент произвёл ещё одну **кадровую перестановку** (*personnel change*)

перетр'яска (f.): Многие рады узнать, что дальнейшей **перетряски** в правительстве не будет (*shake-up*)

перет'ягивать, перетян'уть: К тому же, губернатору уже удалось **перетянуть в свой лагерь** многих потенциальных сторонников своего противника (*win over to his side*)

перехв'атывать, перехват'ить: В Сербии ход России **перехватил инициативу** от НАТО (*took over the initiative*)

перехитр'ить (pf. only): Русский представитель, говорят, **перехитрил** роттердамский нефтяной рынок (*outwitted*)

п'еречень (m.): Подкомиссия будет отвечать за определение **перечня** оборудования и товаров для поставок Сербии (*list*)

переш'агивать, перешагн'уть: Сомнений нет, что голосование **перешагнёт** пятидесятипроцентный барьер (*will exceed*)

персон'ал (m.): **Персонал** от всего происходящего стал допускать ошибки, в том числе и в прямом эфире (*staff*)

персон'альный (adj.): Президент вёл **персональные** разговоры с лидерами фракций (*one on one* – see also under **один**)

перспект'ива (f.): **Перспективы** снижения инфляции практически равны к нолю (*chances, prospects*); **В долгосрочной перспективе** спрос на внутреннем рынке превышает предложение (*in the long term*)

пет'иция (f.): Под **петицией** об отставке Милошевича подписались тысячи белградцев (*petition*)

печ'атный стан'ок (adj. + m.): Сейчас власти испытывают очень большой соблазн выйти из кризиса при помощи **печатного станка** (*printing press*)

пи'аровец (m.): **Пиаровцы** из российского Белого дома рассчитали так, чтобы переговоры премьера в Штатах закончились за день до заседания Совета директоров МВФ, на котором России в конце концов выделили долгожданный кредит (*PR persons*)

пивн'як (m.): Кофейня закрыта, а на её месте открылся дорогой немецкий «**пивняк**» (*pub*)

пик (m.): В данный момент, после девальвации рубля, можно сказать, что **пик** кризиса пройден (*peak*)

пикет'ирование (n.): Шахтёры договорились ограничить акции протеста **пикетированием** зданий администрации (*picketing*)

пирам'ида (f.): Правительство, государство, власть через финансовую **пирамиду** ГКО из всей страны, из всего хозяйственного механизма выжали все соки, все деньги, все возможные ресурсы (*pyramid*)

пит'ание (n.): После кризиса стали экономить и на **питание**, путём перехода на более дешёвые аналоги (*food*)

пл'авающий (adj.): Формально продолжит действовать механизм **плавающих** пошлин, зависящих от среднемесячных цен на нефть на среднеземноморском и роттердамском рынках (*floating*)

план (m.): выдвигать на **первый** or **передний план** (*foreground*); отодвигать на **второй** or **задний план** (*background* — the analogy is with the *planes* or levels of scenery on a stage or film set and with the areas — front, middle and rear — defined by them)

план'ировать, заплан'ировать: На следующую неделю **запланированы** беседы с министрами (*planned*)

пл'ановый (adj.): Было объявлено, что испытания новейших образцов военной техники не приурочены к визиту премьера, а носят **плановый** характер (*planned*)

плест'ись (r., impf. only): Президент убеждён, что вражеские заговоры **плетутся** повсюду (*are being hatched*)

плеч'о (n.): Когда политики вместе будут действовать, им **по плечу** любые проблемы (*within [their] powers*); Дума готова **поставить плечо** новому правительству (*give its support to*)

плыть по теч'ению: Если правительство хочет обеспечить благоприятную динамику, то оно больше не может позволить себе **плыть по течению**, избегая серьёзных решений (*drift with the current*)

побежд'ать, побед'ить: На выборах **победил** карачаевский кандидат, набравший 75% голосов (*won*)

поб'очный (adj.): По словам представителя НАТО, смерти мирных граждан — это «**побочный ущерб**» ('*collateral damage*')

побужд'ать, побуд'ить: Разные соображения **побудили** Президента принять это решение (*caused*)

пов'естка (f.): Вопрос о государственных финансах, кажется, никогда не сходит с **повестки дня** (lit. and fig. *agenda*); Двенадцать посланных **повесток** мэр проигнорировал и тогда, одновременно с вручением тринадцатой, его попросили прибыть в прокуратуру вместе с нарядом полиции (*summons, subpoena*)

повёртывать, поверн'уть: В середине 70-х годов освободительный фронт, до тех пор боровшийся против колониалистов, **повернул оружие против** новой власти (lit. and fig. *turned/trained its weapons on*)

п'овод (m., pl. **-ья**): Президент не хочет отдавать **поводья** государственной структуры (*reins*)

п'овод (m., pl. **-ы**): Смерть монарха стала **поводом** для того, чтобы мировые лидеры смогли в очередной раз встретиться и сблизить свои позиции (*cause, reason*); Замгубернатора лично и ежедневно слал в посёлок указания **по поводу** процесса (*about, in relation to*)

повод'ок (m.): Сейчас Россию держат на строгом **поводке**, на котором международные финансовые организации собираются повести страну на поиски здоровой экономики (*leash*)

поврежд'ение (n.): Во время бомбардировок много зданий получили значительные **повреждения** (*damage*)

повыш'ать, пов'ысить: Глава Минтопа предложил **повысить** цены российской нефти на внешнем рынке (*increase*)

повыш'ение (n.): **Повышение** либерального министра – отрадное явление для реформаторов (*promotion*); Из-за необоснованного **повышения** цен, бензин подорожал вдвое (*increase*)

погаш'ать, погас'ить: По новой программе правительства, предполагается **погасить** все существенные государственные долги по зарплатам и пенсиям (*pay off*)

погаш'ение (n.): Надо установить сроки **погашения** задолженности (*clearing, cancelling*); В указе речь идёт о **погашении** всех без исключения государственных облигаций (*redeeming*)

погран'ичник (m.): В суровую гималайскую зиму **пограничники** спускаются вниз и отдельные участки границы остаются без присмотра (*border guards*)

подав'ать, под'ать: Первым регионом, **на который кредиторы подали в суд** вот уже более года, была Оренбургская область (*against which its creditors brought a court action*)

подавл'ять, подав'ить: Твёрдой рукой монарх **подавлял** заговоры и попытки переворотов (*crushed*)

подавл'яющий (adj.): **Подавляющее большинство** думцев проголосовали за бюджет при первом чтении (*overwhelming majority*)

под'ача (f.): Прениям предшествовала **подача поправок** к законодательному проекту (*tabling of amendments*)

подбир'ать, подобр'ать: Уже **подобран** кандидат на пост министра иностранных дел. Так быстро не **подбирают**. Премьер может **подобрать** мощную команду (*recruit*); То есть, сам директор будет **подбирать** кандидатов в подрядчики (*select*)

подверг'ать, подв'ергнуть: Обстрелу **подвергла** авиация НАТО югославскую столицу (*subjected to*); Многие журналисты **подвергли сомнениям** версию министра (*called into question*)

подверг'аться, подв'ергнуться (r.): Президентский дворец чеченской столицы вчера **подвергся** бомбардировке российскими самолётами (*was subjected to*)

подв'ижка (f.): Он делает **подвижки** в этом направлении (fig. *first moves*: lit. *breaking the ice*)

подвод'ить, подвест'и: Президент очень надеялся на либералов, но те его **подвели** (*let down* – see also **итоги**)

подготовл'ять or **подгот'авливать, подгот'овить**: Документы о новом законодательстве уже **подготовлены** чиновниками (*prepared*)

подгот'овка (f.): **Подготовка ко** встрече российского и чеченского президентов идёт интенсивными темпами (*preparations for*)

п'одданный (m.): **Подданные** протерпят нового монарха не дольше полугода (*subjects*)

п'одданство (n.): Чтобы пользоваться всеми преимуществами постоянного жительства в Англии, безусловно надо принять британское **подданство** (*citizenship*)

подд'ерживать, поддерж'ать: Большинство в Совете Федерации готово **поддержать** выбор Президента (*support*)

подзащ'итный or **подзащ'итная** (m. or f., declines like adj.): Я бы не спешил с обвинениями в адрес моей **подзащитной** (*client* [of defence lawyer])

подключ'ать, подключ'ить: Сканнер, это устройство, **подключаемое к** компьютеру (*attached to*)

подключ'ение (n.): **Подключение** предпринимателей в процесс переговоров является прямой необходимостью (*inclusion*)

подкос'ить (pf.): Отсутствие возможности покрывать убытки за счёт повышения розничных цен в некоторых регионах **подкосило** компанию «Сургутнефтегаз» (*did for*)

п'одкуп (m.): Статья содержит размышления журналиста насчёт того, по какой именно технологии проводится **подкуп** высших государственных чиновников (*bribery*)

подлив'ать, подл'ить: Именно молодые реформаторы своими высказываниями и политическими акциями очень часто **подливают масло в огонь** (*pour oil on the fire*)

подмин'ать, подм'ять: Чтобы создать механизм, способный делать кремлёвского кандидата легко избираемым, аналитики в президентском окружении думают, что нужно **подмять под себя** все существующие в России монополии (*dominate*)

подним'ать, подн'ять: Депутаты **подняли вопрос о** мирном урегулировании в Абхазии (*raised the issue of*)

под'обие (n.): Выборы в США давно уже **стали подобием** театральной постановки (*come to resemble*); С другой стороны, деньги переводят в Швейцарию потому что там в отличие от США существует хотя бы **какое-то подобие** банковской тайны (*something like*)

подозрев'аемый (m.): **Подозреваемого** выпустили под денежный залог (*suspect*)

подоп'ечный, **подоп'ечная** (m. or f., declines like adj.): Директор спорткомплекса в целом доволен своими **подопечными**; «У меня целая бригада бомжей», говорит он (*charges*)

подох'одный (adj.): Главным орудием американской демократии стал закон о **подходном налоге**, принятый конгрессом в 1894 году (*income tax*)

подп'исываться, **подпис'аться** (г., под + inst.): Под заявлением Президента **подписываются** большинство граждан (*endorse*)

подразумев'аться (г., impf. only): Все договорённости, которые **подразумевались**, когда прорабатывалась отставка бывшего премьера, были нарушены без каких бы то ни было объяснений (*were implied*)

подр'обность (f.): Премьер рассказал о боевых действиях на Северном Кавказе, **не вдаваясь в подробности** (*without going into details*)

подрыв'ать, **подорв'ать**: Верная служба НАТО сильно **подорвала** популярность этого политика дома в Испании (*undermined*)

подр'яд (m.): Представители соседствующих с Югославией стран убеждают западных спонсоров, что заслужили **подряды** (*contracts*)

подр'ядчик (n.): Подкомиссия будет отвечать за проведение конкурсов по выбору **фирм-подрядчиков** (*contracting firms*)

подс'обный, **подс'обная** (m. or f., declines like adj.): Её взяли **подсобной** в бригаду, работающую на коллективном подряде (*as an ancillary worker*)

подставл'ять, **подст'авить плеч'о** (n.): Основываясь на безусловной поддержке при утверждении премьера в нижней палате, можно предполагать, что депутаты **подставят своё плечо** правительству в его начинаниях (*lend their support*)

подсуд'имый (m.): После долгого процесса **подсудимый** отказался от своих показаний (*accused*)

подсчёт (m.): Черкесских наблюдателей к **подсчёту бюллетений** фактически не допустили (*counting of votes*)

подт'алкивать, **подт'олкнуть**: Слухи о предстоящих боевых действиях в Югославии **подтолкнут рубль вниз** (*will depress the rouble*); Возможно, пуститься в дальний путь премьера **подтолкнули** постоянные слухи о скорой отставке правительства (*caused*)

подтвержд'ать, **подтверд'ить**: Убедительная победа представителя федерального центра во втором туре выборов 16 мая была **подтверждена** Верховным судом Карачаево-Черкесии (*affirmed*)

подхлёстывать, **подхлестн'уть**: Может, кого-то подвиг **подхлестнёт**, но особенно обольщаться не стоит (*enthuses*)

подчёркивать, **подчеркн'уть**: Конгресс **подчеркнул**, что главной целью рассматриваемого закона является перераспределение богатства (*emphasized, stressed*)

подчинённый, подчинённая (m. or f., declines like adj.): Известен по крайней мере десяток случаев, когда президент бросался выручать **подчинённых** (*subordinates*)

подчин'ять, подчин'ить: Он должен **подчинить** Минатом (3 млрд. в год), на который претендует противник, своему фавориту (*place under the command of*)

подчин'яться, подчин'иться (r.): Оборонщики **подчиняются** вице-премьеру по ВПК (*are under the command of*)

позвол'ять, позв'олить: Председатель избиркома сам принял решение не открывать участок, потому что не мог **позволить**, чтобы такие выборы состоялись (*permit*)

поз'иция (f.): **Позиции** НАТО и сербской стороны в данный момент сближаются (*positions, stances*)

пойт'и: Просчитав последствия этого решения, никто **на** это не **пойдёт**; **Пойдёт** ли **на** это Сербия?; Белград не **пойдёт на** все требования НАТО (*go for, accept*)

показ'ание (n., usually pl.): В целях ясности, прокуроры пригласили бывшего мэра дать **свидетельские показания** (*evidence, testimony*)

показ'атель (m.): МВФ, по определению, всегда наблюдает за макроэкономическими **показателями** (*indices*)

показ'ательный (adj.): **Показ'ателен** в этом отношении пример московской области (*indicative, symptomatic*)

покварт'альный (adj.): МВФ теперь требует от России **поквартального** отчёта (*quarterly*)

покл'онник (m.), **покл'онница** (f.): **Поклонники** губернатора говорят, что он способный и обаятельный (*admirers*)

покуп'ательский (adj.): В значительно б'ольшей степени, чем административные меры, на цены должно повлиять падение **покупательского спроса** (*consumer demand*)

покуш'ение (n.): **Покушение** было совершено на руководителя телевизионной компании ОРТ (*assassination attempt*)

п'оле (n.): Экономика должна быть **поле особенного внимания** правительства в текущем году (*area of special attention*)

полз'учий (adj.): Речь идёт о **ползучем** перевороте, реставрации (*creeping*)

политзаключённый (m.): Лишь в последние годы король слегка ослабил хватку и даже выпустил из тюрем восемьсот **политзаключённых** (*political prisoners*)

политик'анство (n.): Один политик обвинил своего орронента в **политиканстве** (*intrigue*)

полиэтн'ический (adj.): Если территория **полиэтническая**, то конкуренция разворачивается между разными этническими сообществами (*multi-ethnic*)

полномасшт'абный (adj.): Есть опасность, что боевые действия в Косове превратятся в **полномасштабный** кризис (*full-scale*)

полном'очие (n.): Президент должен досрочно прекратить исполнение своих **полномочий** и уйти в отставку (*powers*)

полож'ение (n.): Нормативные акты Центробанка издаются в форме **положений** (*regulations*); Правительство объявило **чрезвычайное положение** в Чечне (*state of emergency*)

полуг'одие (n.): Бухгалтеры просмотрели сметы на **полугодие** (*half year*)

получ'ать, получ'ить своё: Надежды Кремля на то, что Дума, **получив своё**, успокоится, неоправданы (*having got its own way*)

пом'ощник (m.), **пом'ощница** (f.): Работа **помощницы** по хозяйству оплачивается хорошо в России, в отличие от других стран (*home help*)

понят'ой (m., declines like adj.): Никто из прохожих не захотел **идти в понятые** при проведении досмотра задержанных (*come forward as witnesses*)

попад'ание (n.): Ночью Белград пострадал от **прямого попадания крылатых ракет** (*direct missile hits*)

попеч'ительский сов'ет (adj. + m.): **Попечительский совет** телекомпании объявил о неудовольствии программами (*supervisory board*)

попр'авка (f.): Сегодня депутаты неспешно и скрупулёзно вносят последние **поправки** в документы об импичменте (*amendments*)

пор'ог (m.): Наша страна до сих пор продолжает стоять на **пороге гибели** (*verge/edge* [lit. *threshold*] *of ruin*)

портф'ель (m.): Он надеется получить что-то, хотя большинство министерских **портфелей** уже распределено (*portfolios*)

поруч'ать, поруч'ить: Правительство **поручило** Центризбиркому справиться с ситуацией на втором туре выборов (*has instructed*)

поруч'ение (n.): Налоговая проверка, устроенная на прошлой неделе, была проведена **по личному поручению** главы президентской администрации (*on the personal instructions*)

пор'ядок (m.): Управление средствами Бюджета развития может осуществляться только **в порядке, предусмотренном** для исполнения федерального бюджета, а именно – Правительством РФ (*in the manner stipulated*); Тем более что вижу, что те, кто идёт за мной, делают ошибок **на порядок больше**, чем я (*of an order of magnitude greater than*)

посад'ить маш'ину (pf. + f.: impf. **сажать**): Лётчику удалось **посадить машину** на автодорогу (*land a plane*)

67

посл'едовательный (adj.): Разумеется, такая политика **последовательна** (*consistent*)

посл'едствие (n.): **со всеми вытекающими оттуда последствиями** (*with all the consequences which follow from that*); Местные власти попросили правительство РФ помогать им **ликвидировать последствия** урагана (*clear away the results*)

пос'обие (n.): **Пособие** по безработице к сожалению не выдают уже 2-3 года (*benefit*)

поср'едник (m.): В Вашингтоне считают Черномырдина настоящим **посредником** (*go-between*)

поср'едничество (n.): Победа НАТО в косовской войне – результат ли российского **посредничества**? (*mediation*)

пост (m.): Ниже мы перечисляем всех кандидатов на нынешние министерские **посты** (*posts*)

пост'авка (f.): Сделки с **поставкой** today вчера проходили по курсу $10,5-11,5 руб./$ (*delivery*); Совершается **прямая поставка** шинов от завода (*direct delivery*); Премьер встречался с руководителями нефтяных компаний, чтобы обсудить условия **поставок** нефтепродуктов на Север (*supplies*)

поставл'ять, пост'авить: Единственный ресурс правительства – обязать принадлежащие государству «Славнефть» и «Роснефть» **поставлять** нефтепродукты северным регионам (*deliver*)

поставщ'ик (m.): **Поставщики** заранее знают, что должны вовремя дать товары (*suppliers*); Временно разрешено при расчёте с **поставщиками** использование наличные деньги (*suppliers*)

постановл'ение (n.): Самое главное в **постановлении** Конституционного Суда – это то, что владельцы поделены на три группы (*decision*)

постиг'ать, пост'игнуть or **пост'ичь**: Генсека НАТО **постигла** за время службы только одна неудача (*befell*)

посто'янный (adj.): В президентском указе речь идёт о погашении государственных облигаций **с постоянным купонным доходом** (*with fixed yields*)

постул'ат (m.): Критика прессы действий хозяев Кремля – исходный **постулат** российской политической системы (*assumption*)

поступл'ение (n.): Пик **поступлений** от приватизации традиционно приходится на конец года, что и было планом предусмотрено (*revenues*)

пост'упок (m.): Свой первый **поступок** новый монарх совершил в полном соответствии с традицией (*act*)

посяг'ательство (n., на + acc.): В российской конституции есть гарантия, что отдельная личность имеет право на защиту от **посягательств** на её права и свободы (*encroachments*)

посяг'ать, посягн'уть (**на** + асс.): Правительство имеет в виду гипотетического противника, «любого, кто **посягнёт на** священные рубежи» (*shall encroach upon*)

потас'овка (f.): Несколько портит идиллическую картину потребовавшая вмешательства ОМОНа **потасовка** между активистами карачаевских и черкесских национальных организаций (*brawl*)

потепл'ение (n.): Западные СМИ с энтузиазмом откликнулись на начавшееся **потепление** в отношениях России и НАТО (*warming*); Всем, кто после прошлого лета просто физически ощущает **глобальное потепление** климата (для справки: это всего один градус по Цельсию за 150 последних лет) и вообще недоволен тем, что творится в природе, сообщаем: Россию в этом году ожидает обычное русское лето (*global warming*)

пот'ок (m.): Этого недостаточно – реальные **финансовые потоки** всё равно в руках у председателя компании (*revenue streams*)

потреб'итель (m.): В отличие от Запада, для нашего **потребителя** признаком успеха и благосостояния служит автомобиль (*consumer*)

потребл'ение (n.): **Потребление** пива в Англии возросло на одну треть в течении 1990-х годов (*consumption*)

потр'ебность (f.): Прибыль образуется не иначе как в обмен на удовлетворение важной общественной **потребности** (*necessity*)

потряс'ать, потряст'и: Вчерашние события в армянском парламенте **потрясли** не только депутатов (lit. *shook*, fig. *shocked*)

потряс'ение (n.): Последнее время **потрясения** достали всех до такой степени, что русский народ просто-напросто ненавидит всех без исключения политиков (*shocks*)

похищ'ать, похит'ить: Прокуратура установила, что только в текущем году в этом фонде **похищено** 250 тыс. руб. (*embezzled*)

похищ'ение (n.): Одна из проблем на Северном Кавказе, это **похищение людей** (*kidnapping*); Американская сторона обвиняет китайцев в **похищении** их ядерной технологии (*stealing*)

п'очва (f.): Факт, что премьер не находится в своей резиденции создаёт **почву для спекуляции** (*grounds for speculation*)

почётный (adj.): Президент предложил ему занять **почётный** пост заместителя секретаря Совета безопасности (*honorary*); **почётный караул** (*guard of honour*)

пош'атываться, пошатн'уться (r.): От этих боевых действий статус НАТО в мире сильно **пошатнётся** (*will be shaken*)

п'ошлина (f.): Речь идёт о введении новой ставки **пошлины** – 7,5 евро за тонну при цене нефти на внешнем рынке более 14,8 долларов за баррель (*excise duty*)

пощёчина (f.): Вторжение пакистанцев в их территорию послужило звонкой **пощёчиной** индийским политикам, военным и спецслужбам (*slap in the face*)

поясн'ять, поясн'ить: Сами банкиры **пояснять** детали объединения отказались (*clarify*)

прав'ительство (n.): России в данный момент нужно **правительство** народного доверия; Сегодня произошло заседание **правительства** в новом составе (*government*)

пр'авить (impf. only, + inst.): Наверное, ещё долго молодого короля будут рассматривать сквозь призму его отца – монарха, который и царствовал, и **правил** (*ruled*)

правл'ение (n.): Авторитет предыдущего монарха был заработан за долгие годы **правления** (*rule*)

пр'аво (n.): Военные формирования в Косове будут иметь общее **право применения силы** (*right to use force*); Основной закон (т.е. Конституция) Российской Федерации является классическим перечнём **прав и свобод человека** (*human rights and freedoms*); Король имеет диплом по специальности «**международное право**» (*international law*)

правов'ой (adj.): Этот политик – бывший советник премьера по **правовым** вопросам (*legal, related to the law*)

правоохран'ительные 'органы (adj. + pl.): Преступники находятся в руках **правоохранительных органов**; Задачи **правоохранительных органов** в сегодняшней России – очень непросты (*forces of law and order*)

правопор'ядок (m.): Мэр Москвы обсудил вопрос о **правопорядке** в столице (*law and order*)

пр'авящий (adj.): «Это означает», сказал один знаменитый реформатор, «что Коммунистическая Партия является **правящей партией** в нашей стране» (*ruling party*)

пре'амбула (f., + gen.): В **преамбуле** Федерального закона указывается, что данный закон определяет основы формирования совокупных инвестиционных ресурсов (*preamble to*)

превал'ирование (n.): **Превалирование** КПРФ было изменено в пользу политического центризма (*domination*)

превент'ивный (adj.): На Ближнем Востоке Израиль доминирует благодаря политике **превентивных ударов**; Тогда было решено нанести **превентивный удар** по холдингу (*preventive strike* – fig. and lit.)

превосход'ить, превзойт'и: Результат второго тура выборов **превзошёл все ожидания** (*exceeded all expectations*)

превыш'ать, прев'ысить: Начальник компании «Юкос» поставляет Красноярскому краю 350 млн. тонн нефтепродуктов, что в два раза **превышает** потребности края (*exceeds*)

превыш'ение (n.): По мнению банкиров, решения были приняты правительством и ЦБ **с превышением полномочий** (*exceeding their powers*)

предвар'ительный (adj.): По **предварительным** данным можно определённо сказать, что российское народное хозяйство вряд ли процветает в настоящий момент (*preliminary*)

предвар'ять, предвар'ить: «Лучший случай» наступит, если правительство сумеет выполнить жёсткие условия, которые **предваряют** выделение каждого транша (*precede*)

предв'ыборный (adj.): В России уже несколько недель тому назад началась **предвыборная** гонка (*electoral*)

преддв'ерие (n.): Сегодня мы стоим **на преддверии** новых военных атак на СРЮ (*on the threshold of* – see also **порог**)

пред'ельно (adv.): Отчёт должен быть **предельно** краток и аккуратен (*extremely, as . . . as possible*)

предлож'ение (n.): К сожалению, за последние месяцы **предложение** товаров – то есть, их поступление на рынок – намного ниже спроса (*supply*); В данный момент разрабатывается новое **предложение** британского и ирландского правительств о мирном урегулировании в Ольстере (*proposal*)

предм'ет (m.): Представляется, что **предмет** Федерального закона, изложенный таким образом, не совпадает с целью издания законодательного акта, призванного урегулировать порядок формирования бюджета (*purpose*)

предоставл'ение (n.): МВФ готов к **предоставлению** Российскому центральному банку кредитов под небольшой процент (*grant*)

предоставл'ять, предост'авить (+ acc. + dat.): Но противники IT не смогли придумать, как **предоставить** россиянам возможности выбирать между несколькими видами связи (*supply with*)

предостерег'ать, предостер'ечь (+ acc. + от + gen.): Буквально каждый из побывавших там водителей **предостерегает** своих товарищей от опасности застрять в очереди за бензином на несколько часов (*warns*)

предотвращ'ать, предотврат'ить: Тогда мы сделали всё, что от нас зависело, чтобы **предотвратить** эту катастрофу (*forestall, stave off*)

предотвращ'ение (n.): В задачи нового Агентства международной публичной информации будет входить **предотвращение** информационных кризисов (*prevention*)

предполаг'ать, предполож'ить: В США 'новая экономическая демократия' **предполагала** радикальное перераспределение богатства населения (*presupposed*)

предприним'ательский (adj.): В экономической сфере очень важно право на свободу **предпринимательской** инициативы (*entrepreneurial*)

предрасс'удок (m.): Нынешние обитатели Кремля относятся к высказываниям прессы как к досадному **предрассудку** отдельных политических чистоплюев (*prejudice*)

предрек'ать, предр'ечь: Эксперты **предрекали** ещё б'ольшее падение европейской валюты (*were forecasting*)

предск'азывать, предсказ'ать: Эксперты **предсказывают**, что сенатор вообще не сумеет собрать достаточно средств для долгой предвыборной кампании (*predict*)

представ'ать, предст'ать: Обвиняемый должен обязательно **предстать** перед трибуналом (*appear before*)

представ'итель (m.): **Представитель** РФ в ЕС вступил в переговоры с главой Еврокомиссии (*representative*)

представ'ительство (n.): Госдума стремится обеспечить их **представительство** в органах власти республики; Этот бизнесмен входит в советы директоров десятка компаний, имеющих **представительства** в Приморье (*representation*)

представл'ение (n.): Главным образом западные политики руководствовались изменившимися **представлениями** о роли и месте западных демократий в современном мире (*concepts*)

представл'ять, предст'авить: **Представленный** федеральный закон может вызвать практические затруднения при прямом применении его норм (*under consideration*)

представл'яться, предст'авиться (r.); По российской конституции, кандидаты в губернаторы обязаны **представляться на выборы** (*present themselves for election*)

предсто'ящий (adj.): Поддержав на **предстоящих** в конце года выборах в Народное собрание нужных людей, Москва сумеет потом провести через него необходимые поправки к местной конституции (*forthcoming*)

предупрежд'ение (n.): Совет федерации безусловно отнесётся к введению чрезвычайного положения по итогам губернаторских выборов в Карачаево-Черкесии как к красноречивому **предупреждению** в собственный адрес (*warning*)

предусм'атривать, предусмотр'еть: В конституцию пришлось вносить поправки, **предусматривающие** всенародное избрание президента (*providing for, stipulating*)

предусм'отренный (adj.): Управление средствами Бюджета может осуществляться только в **предусмотренном** порядке (*stipulated, laid down*)

предш'ествовать (impf. + dat.): В косовской войне «агрессии» **предшествовало** длительное политическое давление (*preceded*)

предъявл'ять, предъяв'ить: Надо **предъявить** документы в открытом виде (*show*); Олигарх грозит **предъявить иск** на членов правительства (*sue*); Президенту сегодня было **предъявлено** обвинение по пяти пунктам (*presented with*)

предыд'ущий (adj.): В частности, надо уже отказаться от введённых **предыдущим** правительством экспортных тарифов, оставив их только для очень узкого круга товаров, доходы от которых существенны для федерального бюджета (*previous*)

пре'емник (m.): Степашин является **преемником** Примакова на посту премьера (*successor*)

пре'емственность (f.): **Преемственность** предыдущей экономической политики неизбежна (*continuity*)

преждевр'еменный (adj.): О гуманитарной катастрофе говорить пока ещё **преждевременно** (*premature*)

презент'ация (f.): Ровно неделю назад прошла **презентация** первых трёх томов Сводного каталога культурных ценностей, утраченных во время войны на территории России (*launch*)

през'умпция (f.): На суде обвиняемый пользуется **презумпцией невиновности** (*presumption of innocence*)

прекращ'ать, прекрат'ить: Президент должен досрочно **прекратить** исполнение своих полномочий и уйти в отставку (*cease*)

прекращ'ение (n.): Бандиты пересекли разделяющую две страны **линию прекращения огня** (*ceasefire line*)

пренебрег'ать, пренебр'ечь (+ inst.): Тем не менее премьер **пренебрёг** плачевным опытом своих предшественников и пустился в рекламное турне (*disdained*)

пр'ения (n. pl.): В думских **прениях** иногда можно слышать дикие суждения (*discussions*)

преодол'ение (n.): Усилия России могут помочь в **преодолении** хаоса в Косове (*overcoming*)

преп'ятствовать, воспреп'ятствовать (+ dat.): Валютный контроль – это диктатура, **препятствующая** нормальным отношениям со внешним миром (*which hinders*)

прерогат'ива (f.): В русской политической системе Президент пользуется разными **прерогативами** – например, **прерогативой** кадровой политики (*prerogative*)

пресек'ать, прес'ечь на корн'ю: Кремль, свято верящий в то, что именно ему надлежит решать, кого оставить на хозяйстве после президентских выборов 2000 года, такие попытки разных министров бороться за собственную популярность **пресекает на корню** (lit. *cut off at the root*: fig. *nip in the bud*)

пресеч'ение (n.): Российское правительство даёт деньги для **пресечения** бандитизма и грабежа людей (*suppression*)

пресл'едовать (impf. only): МВФ по определению **преследует фискальные цели** (*pursues fiscal goals*); Правительство целых два года **преследовал** его и подверг его всяким опасностям (*persecuted*)

пресс (m.): **Налоговый пресс** на крупные предприятия не превышает тридцати процент (*weight of taxation*)

пр'ессинг (m.): **Прессинг**, который он ощутил от прессы, значительно затормозило ход следования; После подобного **прессинга** она была вынуждена говорить всё, что от неё требовали (*pressure*)

пресс-рил'ис or **пресс-рел'из** (m.): Дали читать журналистам **пресс-рилис МИДа** (*the Ministry of Foreign Affairs' press release*)

прест'упность (f.): Первая задача полиции, это борьба с **преступностью**, с коррупцией (*criminality*)

претенд'ент (m.): Многое в предвыборной кампании зависит от личности **претендента** (*contender*)

претендов'ать (impf. only, на + acc.): Противник премьера **претендует на** пост министра иностранных дел (*lays claim to*)

прет'ензия (f.): В июне 1996-го года у Кремля к нам в СМИ вроде бы никаких **претензий** не было (*grievances*); У этих народов нет взаимных территориальных **претензий** (*claims*)

прецед'ент (m.): Я боюсь, что ход Президента **создаст опасный прецедент** для России (*will set a dangerous precedent*)

приближ'аться, приблиз'иться (r.): В данный момент стороны **приближаются к** разрешению политического кризиса (*are coming close to*)

прибр'ежный (adj.): Руководство НАТО пригласило Бразилию участвовать в военно-морских учениях в **прибрежных водах** Испании и Португалии (*territorial waters*)

пр'ибыль (f.): **Прибыль** образуется не иначе как в обмен на удовлетворение важной общественной потребности (*profit*)

приватиз'ация (f.): Несколько лет тому назад она спокойно отдала $1 млн. за **приватизацию** своей фирмы (*privatization*)

прив'ерженность (f., к + dat.): Лучшей гарантией безопасности России в настоящее время является **приверженность** к общечеловеческим либеральным ценностям (*adherence*)

привлек'ать, привл'ечь: В данный момент главная проблема, это не борьба с безработицей, а **привлечение к работе** способных людей (*recruitment*); Единственный выход – **привлекать к** разрешению таких конфликтов международные организации ОБСЕ, ООН и, страшно сказать, НАТО (*involve in*)

привод'ить, привест'и: За последние недели много работали и **привели объект в состояние боевой готовности** (*brought the site to a state of military readiness*); **привести доказательства** (*produce proof*); **привести оправдание** (*acquit*)

прив'язка (f.): Директор ЦБ заявил, что он считает идею о жестокой **привязке рубля к иностранной валюте** «глупостью» (*tying of the rouble to a foreign currency*)

приглаш'ение (n.): Министр появился в Думе **по приглашению** спикера (*on the invitation of*)

пригов'ор (m.): Сегодня судьи вынесли **приговор** в деле серийных убийств (*sentence*)

пригран'ичный (adj.): К сожалению в **приграничных регионах** РФ часто бывают волнения (*border regions*)

придав'ать, прид'ать (+ acc. + dat.): Закон **придаёт** местному языку статус государственного языка (*endows with*)

прид'ерживать, придерж'ать: Пока власти и компании не найдут «золотую середину», нефтяники безусловно будут **придерживать** свой товар (*stockpile*)

прид'ерживаться (impf. only in this sense, + gen.): Для этого политического деятеля, всякий, кто **придерживается** иной точки зрения, «куплен» (*sticks/adheres to*)

пр'изванный (adj.): Между тем широкомасштабные информационные мероприятия, **призванные** обеспечить общественную поддержку действий Вооружённых Сил, должны стать важнейшей частью военного планирования (*intended*)

признав'ать, призн'ать: Все пункты закона Конституционный Суд **признал** неконституционными (*declared*)

пр'изнак (m.): Итоги голосования шли **по национальному признаку** (*on nationality lines*)

призн'ание (n.): В политической сфере надо сказать, что самое важное право – без сомнения **признание** всеобщих, прямых, равных и тайных выборов (*recognition*)

приз'ыв (m.): Жириновский считает, что смена Конституции, это **призыв к революции** (*call for*)

призыв'ать, призв'ать: Настоящее объявление **призывает** сторонников всех кандидатов в наших выборах к спокойствию и соблюдению закона (*appeals*); Председатель **призвал** заседание **к порядку** (*called to order*)

прик'идываться, прик'инуться (г.): Старым противникам надо **прикидываться**, как лучше работать вместе (*consider*)

примен'ение (n.): При **применении** этого закона, могут возникнуть целый ряд непредсказуемых практических затруднений (*application*)

пр’имета (f.): Когда на Кавказе начинают дружно ругать журналистов и обвинять их в продажности – это вообще, можно думать, **дурная примета** (*bad omen*)

принадл’ежность (f.): Есть и такие культурные ценности, чья государственная **принадлежность** не установлена (*property status*)

嵾嵾嵾嵾 , **прин’ять**: Надо военачальникам **принимать** оперативные **решения** теперь (*take decisions*)

принос’ить, принест’и: Правительство **приносит законопроект на рассмотрение** Госдумы (*presents the draft law for examination*)

принуд’ительный (adj.): Дума решила **принудительно** привести экспертов для дачи заключений по делу импичмента (*compulsorily*)

принципи’альный (adj.): Во время теперешних переговоров президенты рассмотрели целый ряд **принципиальных вопросов** (*issues of principle*)

приобрет’атель (m.): Выпуская гособлигаций, правительство вступает с их **приобретателями** в гражданско-правовые отношения по договору займа (*purchasers*)

приобрет’ать, приобрест’и: Таким образом, «Российский кредит» **приобрёл** 32,94% акций завода (*acquired*)

приорит’етный (adj.): Я не скрываю, что сейчас для меня **приоритетна** политика, а потом бизнес (*comes first*)

приостан’авливать, приостанов’ить: В понедельник британское Содружество наций **приостановило** членство Пакистана (*suspended*)

приостановл’ение (n.): Генеральная прокуратура начала проверку законности операций с ГКО и их **приостановления** в соответствии с заявлением правительства и Центробанка от 17 августа (*suspension*)

присм’отр (m.): Отсутствие пограничников значит, что приграничные районы остались без **присмотра** (*surveillance*)

присоедин’яться, присоедин’иться (r.): Возобновив своё сотрудничество с НАТО, Россия **присоединилась к** голосу альянса, убеждающему сербов не покидать Косово (*joined in with*)

приспас’абливаться or **приспособл’яться, приспос’обиться** (r.): Большинству из них уже за семьдесят и они просто психологически не могут **приспособиться** к переменам (*adapt*)

приспуск’ать, приспуст’ить: В знак национального траура флаги были **приспущены** (*at half-mast*)

пр’истав (m.): Местные **судебные приставы** не всегда оперативно реагируют на поступающие исполнительные листы (*bailiffs*)

приступ’ать, приступ’ить (к + dat.): Первый вице-премьер, в свою очередь, уже **приступил к** формированию команды (*set about*)

прис'яга (f.): Особенно болезненно процесс принятия **присяги** проходил в американских университетах, где много сотрудников были беженцами от нацизма или коммунизма (*oath of loyalty*)

прит'ок (m.): До президентских выборов и обретения политической определённости вряд ли имеет смысл ожидать заметного **притока** инвестиций (*inflow*)

приур'очивать, приур'очить: Праздник **приурочен к** годовщине победы в Великой Отечественной Войне (*is timed to coincide with*)

прич'астный (adj., к + dat.): Кремль может сколько угодно делать вид, что **не причастен к** расследованию ФСБ (*it has nothing to do with*)

прич'ина (f.): Правительство склонно видеть в бурном росте цен на нефть на международном рынке одну из главных **причин** нашей нынешней инфляции (*causes*)

причин'ять, причин'ить: Совместное заявление правительства и ЦБ и связанные с ним нормативные акты **причинили** огромный материальный ущерб коммерческим банкам (*have caused*)

пр'оба (f.): В России всё делается **методом проб и ошибок** (*by trial and error*); Реальная **проба сил** пока ещё далеко – до предварительных выборов осталось шесть месяцев (*test of strength*)

пробив'аться, проб'иться (г.): Он имеет опыт работы за рубежом, где тоже приходится себя и показывать, и доказывать, и **пробиваться** для того, чтобы родной стране давали кредитные линии (*struggle through*)

пр'обный (adj.): На аэробазе учёные запустили **пробный шар** (*test balloon*)

проб'ой (m.): От **пробоев** в электричестве страдают прежде всего престарелые и больные (*cuts*)

пров'ал (m.): В **провал** импичмента внесли свой вклад представители всех партий и фракций (*failure, collapse*)

провед'ение (n.): В начале 90-х годов король и лидеры фронта договорились о прекращении огня и о **проведении** референдума под эгидой ООН (*carrying-out, arrangement*)

провоз'иться (г.): С этим делом не стоит нашему представителю долго **провозиться** (*waste time*)

провокаци'онный (adj.): Президент обвинил Лужкова и других российских политиков в том, что они «допустили заявления явно **провокационного** характера» (*provocative*)

провок'ация (f.): Арест чеченского уполномоченного в России сегодня, это, говорят, **провокация**, направленная на срыв готовящейся встречи двух президентов (*provocation*)

пр'оволочка (f.): С согласия Госдумы новое правительство приступит к власти без особых **проволочек** (*delays*)

прогр'аммный (adj.): Сегодня премьер выступил с своей **программной** речью (*keynote*); Закупка **программного обеспечения** по обслуживанию чиповых карт для многих банков стало очень дорогой (*software supplies*)

прод'ажный (adj.): Российские генералы только ругают **продажную** западную прессу и «непатриотических» русских журналистов (*corrupt, venal*)

продвиж'ение (n.): Он получил быстрое **продвижение** в иерархии КП Китая (*promotion*); В переговорах о косовском кризисе заметно некоторое **продвижение** (*progress, forward movement*)

продв'ижка (f.): Министр иностранных дел говорит, что до сих пор к сожалению нет никаких конкретных **продвижек** в югославской ситуации (*breakthroughs*)

продов'ольственный (adj.): Москве, видимо, придётся теперь серьёзно взяться за скорое развитие собственной **продовольственной базы** (*food supply centre*)

продолж'ительность (f.): **Продолжительность жизни** в России уменьшилась для мужчин до 58 лет (*life expectancy*)

прод'укция (f.): Но продавать свою **продукцию** дороже эти предприятия не могут, поскольку оптовые цены на бензин уже некоторое время заморожены правительством (*output*)

про'ект (m.): Дума на протяжении всей недели обсуждала **проект** бюджета на нынешний год (*draft*)

про'ектный (adj.): Правительство благоприятно смотрит на **проектное финансирование** (*financing project-by-project*)

прож'иточный м'инимум (adj. + m.): Пенсии в России в принципе основаны на **прожиточном минимуме**, а то не все получают (*subsistence minimum*)

прозр'ачность (f.): ЦБ хочет демонстрировать **прозрачность** своей работы (*transparency*)

про'игрывать, проигр'ать: Он — претендент на пост главы республики, **проигравший** в первом туре (*who lost*)

произв'ол (m.): Чем дальше от Москвы, тем больше мы видим **произвола** (*arbitrariness*)

пр'оиски (m. pl.): Кандидат усмотрел в этом **происки** губернатора края (*machinations*)

происхожд'ение (n.): В 1983 году он вызвал скандал в арабском мире, пригласив евреев марокканского **происхождения** перебраться на историческую родину (*origin, descent*)

пролонг'ирование (n.): Теперь наши власти требуют от МВФ **пролонгирования** займа (*extension*)

прораб'атывать, прораб'отать: В данном законе, механизм предоставления государственных гарантий представляется **не до конца проработанным** (*not thoroughly/fully worked out/studied*)

прораб'отка (f.): Солидный пакет соглашений может быть запущен без **предварительной проработки** (*preliminary study*)

прор'очество (n.): В этом случае вчерашние **пророчества** олигарха о большой крови при переделе собственности могут сбыться даже раньше срока (*prophecies*)

прор'ыв (m.): Можно считать, что сегодня стороны достигли **прорыва** в переговорах о мире; Прогресс есть, но отсюда до **прорыва** далеко (*breakthrough*)

просв'ет (m.): **Просвет** есть: рубль выстоял (*ray/gleam of hope*)

проср'оченный (adj.): Что продаётся на рынках? В основном, **просроченные** продукты (*past their sell-by date*)

простр'анство (n.): Для всех лидеров СНГ, самое важное в данный момент — это формирование **единого экономического пространства** на их территории (*single economic area*)

просч'итываться, просчит'аться (r.): Однако приватизаторы **просчитались**, забыв видимо, как обычно обстоит дело с повторной продажей государственных пакетов акций (*miscalculated*)

протекцион'изм (m.): В армии популярен такой анекдот. «Может ли сын генерала стать маршалом?» — «Нет, потому что у маршала есть свой сын». В армии остро стоит проблема **протекционизма** (*nepotism – often also* **протекция**)

прот'ивиться, воспрот'ивиться (r., + dat.): По слухам, легализации IT активно **противился** как раз «Ростелеком» (*was against*)

противоб'орствующий (adj.): Поэтому можно сказать, что я точно не являюсь по отношению к Президенту никакой **противоборствующей силой** (*opposing force*)

противов'ес (m.): Так что премьеру придётся выбирать: или поддержать победителей, как один богатый промышленник, или продолжать искать им **противовес** (*counterweight*)

противод'ействие (n.): Боевики неуспешно оказывают **противодействие** нашим наступающим войскам (*opposition, resistance*)

противопол'ожный (adj.): Если выйдет так, как хочет один народ, в **противоположном** лагере будут считать, что их нацию оскорбили (*opposite*)

противор'ечие (n.): Закон содержит **противоречия** существующему законодательству, что может вызвать практические затруднения при применении его норм (*contradictions*); В ходе войны в альянсе возникли серьёзные **противоречия** (*dissensions*)

противосто'яние (n.): А вы не боитесь, что перед выборами из-за политического **противостояния** московского мэра с Кремлём начнутся атаки на вашу «Систему»? (*confrontation*)

проток'ол (m.): Российская делегация в лучшем случае подпишет **протокол о намерениях**, и на этом всё закончится, считают югославские собеседники «Коммерсанта» (*declaration of intentions*)

проток'ольный (adj.): Совещания премьера с руководителями регионов не являлись основной частью программы и носили чисто **протокольный** характер (*formal*)

проф'ильный (adj.): Проект бюджета был отклонён после обсуждения с председателями **профильных** комиссий (*specialized*)

процед'ура (f.): Мы должны избежать диктатуры денежного мешка над нашими избирательными **процедурами** (*procedures*)

проц'енты (m. pl.): Задержали зарплату – извольте заплатить, и **с процентами** (*with interest*)

проц'есс (m.): Замгубернатора лично и ежедневно слал в посёлок указания по поводу **процесса** (*trial, legal proceedings*)

прям'ой (adj.): Передача **идёт в прямой эфир** (*is going out live*); Передача зависит от наличия надёжного **прямого включения** с Америкой (*live link-up*); Вчера в Карачаево-Черкесске состоялись **прямые выборы** (*direct elections*); Ночью Белград пострадал от **прямого попадания крылатых ракет** (*direct missile hits*)

пуленепробив'аемый (adj.): Обвиняемый стоял в клетке из **пуленепробиваемого** стекла (*bullet-proof*)

пункт (m.): Целых семь **пунктов** закона были признаны неконституционными (*paragraphs*)

п'утать, сп'утать: Однако, своим решением 23 июня Верховный суд России действительно **спутал** федералам все **карты** (*threw into confusion*: lit. *shuffled their cards*)

путёвка (f.): Руководство профсоюза работников воздушного транспорта отдыхало на деньги фонда за границей, хотя **путёвки** фонд имеет право покупать только в наши, российские санатории и дома отдыха (*tickets, places*)

путём (prep. + gen.): Разве балканскую проблему можно решить **путём** наземного вторжения? (*by means of*)

путь (m.): Раз добрая воля есть, можно **найти путь** к урегулированию любых, даже самых трудных проблем (fig. *find a way to*); Президент **убрал со своего пути** всех соперников (*got rid of*)

Р

раб'отать, пораб'отать «на ур'а»: Крупные предприятия **работают «на ура»** (*are working on the off-chance*)

работод'атель (m.): Состояние народного хозяйства сильно удручает русских **работодателей** (*employers*)

раб'очий (adj.): Сегодня премьер вёл серию **рабочих встреч** с лидерами думских фракций (*working meetings*)

радиоперехв'аты (m. pl.): Безопасность государства иногда зависит от количества и качества **радиоперехватов** (*radio intercepts*)

разбир'ать, разобр'ать: Прежде чем **разбирать** нынешнюю инициативу Минатома, надо исследовать почву, на которой она взошла (*analyse*)

разбир'ательство (n.): Политические действия мэра Парижа станут предметом **судебного разбирательства** (*legal investigation*)

разбир'аться, разобр'аться (r.): Глава президентской администрации **хорошо разбирается в** данном вопросе (*knows well, is an expert on*)

разб'орка (f.): После авианалёта приходится заниматься **разборкой завалов** (*sifting of debris*)

разбр'ос (m.): Особенность настоящего момента ещё состоит в том, что **разброс цен**, даже в соседних торговых точках, может составлять 20-30% (*spread of prices*)

разв'едданные (pl.): Говорят, что НАТО пользуется **разведданными** от Косовской Освободительной Армии (*intelligence*)

разв'едчик (m.): Да ни один военный, а уж тем более **разведчик** никогда не явится на заседание с его участием (*spy, agent*)

развёртывание (n.): Как все знают, **развёртывание** войны в Балканах произошло в очень коротком промежутке времени (*unfolding, development*)

развор'ачиваться or **развёртываться, разверн'уться** (r.): Летом 1949 года внутри США **разворачивалась** неслыханная «охота на ведьм» маккартизма (*spread, developed*)

разглаш'ать, разглас'ить: Названия первых семи компаний, которые в ближайшие несколько дней получат лицензии на предоставлении услуг IT, в ГКС пока не **разглашают** (*announce publicly*)

разг'он (m.): В этом сыграл огромную роль недавний незаконный **разгон** Думы (*dispersal*)

разгосударствл'ение (n.): Произойдёт завершение того витка, когда через **разгосударствление** всё государственное станет принадлежать очень узкому кругу людей (*denationalization*)

разд'ача (f.): Оппоненты обвинили знаменитого политика в подкупе доверчивых избирателей-эвенков, выразившемся в **раздаче** бесплатных водки и конфет (*handing-out*)

раздел'ять, раздел'ить: Во время войны в Югославии стало ясно, что точку зрения США **разделяет** далеко не весь мир (*shares*)

разл'ад (m.): Премьер действует чтобы не допустить **разлада** в правительстве (*falling-out*)

размещ'ение (n.): Одновременно введено ограничение на краткосрочное (до трёх месяцев) **размещение** средств резидентов офшорных зон в российских банках (*placing, depositing*)

размор'аживать, размор'озить: Японское правительство недавно объявило своё решение **разморозить** очередной транш кредита, предназначенного для России (*unfreeze*)

размор'озка (f.): Сейчас, после **разморозки** кредита, Всемирный Банк радикально изменил его (*unfreezing*)

размышл'ение (n.): Ему постарались не оставить времени **на размышление** (*for thinking it over*)

разногл'асие (n.): **Разногласия** об уплате аренды тормозят двусторонний договор о научной эксплуатации Россией байконурского космодрома (*disputes*)

разраб'атывать, разраб'отать: Стороны **разработали** план для поставки горючего на бензоколонки (*have drawn up*)

разраб'атываться, разраб'отаться (r.): В данный момент **разрабатывается** предложение о мирном урегулировании в Чечне (*is being developed*)

разраб'отка (f.): Чтобы привлечь крупнейшие нефтяные компании Запада к **разработке** каспийских энергоносителей, Каспий нужно было поделить на сектора (*exploitation*); Несмотря на системный характер кризиса, надежда на выход из него, на **разработку** политико-правовых и экономических мер стабилизации общества и государства имеется (*working-out, development*); Возможно, западные инвесторы захотят получить наши **сырьевые разработки** и всё ценное, что у нас ещё осталось под видом уплаты наших внешних долгов (*raw materials workings*); Российские компании самостоятельно внедряли свои последние **разработки** в области микропроцессорных технологий (*devices*)

развраж'аться, разраз'иться (r.): Ещё год назад власти пеняли на падение цен и видели в нём одну из причин **разразившегося** в стране экономического кризиса (*which has broken out*)

разреш'ать, разреш'ить: Боевые действия в Балканах **не разрешили** ситуации там (*have not solved*)

разреш'ение (n.): Готовят план для политического **разрешения** югославской проблемы (*solution*)

разруш'ать, разр'ушить: За 79 дней бомбардировок югославская экономика **разрушена** практически полностью (*destroyed*)

разр'яд (m.): В начале 90-х годов проблему удалось не то чтобы решить, но, по крайней мере, вывести её из **разряда** наиболее острых (*category*)

р'амочный д'оговор (adj. + m.): Договор с нефтяными компаниями – **рамочный договор** к которому могут быть добавлены более подробные договора (*framework accord*)

ранг (m.): Премьер всё равно вылетел из Белого дома в тот самый момент, когда Кремлю показалось, что у него только что появились амбиции **не по рангу** (*above his station*)

р'анняя нефть (adj. + f.): Предлагается проводить **раннюю нефть** из Азербайджана в Россию через Чечню (*crude oil*)

раск'алываться, раскол'оться (г.): В Карачаево-Черкесии избиратели **раскололись по** национальному признаку (*are/have split along*)

раск'ачивать, раскач'ать: Младореформаторы говорят о том, что левые пытаются **раскачивать лодку** (*rock the boat*)

расквартир'овывать, расквартиров'ать: Войска **расквартированные** в районе македонского города продвинулись к границе (*quartered*)

раск'ол (m.): Россия сделает всё возможное чтобы избегать территориального **раскола** республики Карачаево-Черкесии (*split*)

раскр'учиваться, раскрут'иться (г.): Будет **раскручиваться** инфляционная спираль, будут расти цены (*be unleashed*)

расп'ад (m.): С **распадом** СССР исчезла и военная угроза для западных стран (*break-up*)

распл'ачиваться, расплат'иться (г., с + inst.): Сегодня больше трети субъектов федерации не могут **расплатиться с** своими долгами (*pay off*)

распол'агать (impf. only in this sense, + inst.): Решиться можно только **располагая** всеми необходимыми сведениями (*when one has at one's disposal*)

распол'агать, располож'ить: Гораздо важнее имидж кандидата, его умение **расположить к себе** избирателей (*win over*)

располз'аться, расползт'ись (г.): Чеченский хаос неотвратимо **расползается** в Дагестан, Ингушетию, Ставрополье (*is spreading, widening*)

распоряж'аться, распоряд'иться (г.): Министр иностранных дел **распорядился об** отмене своего визита в Великобританию (*made arrangements for*)

распр'ава (f.): По телефону неоднократно сотрудникам угрожали **расправой** (*violence*)

расправл'яться, распр'авиться (r.): Король с твёрдой рукой **расправлялся** не только с зачинщиками заговоров, но тоже со многими членами их семей (*dealt harshly with*)

распредел'ение (n.): Ведь именно там в Сараево 30 июля начнётся **распределение** долгожданных югославских подрядов (*sharing-out*); Премьер и его пока единственный первый заместитель обсуждают кадровые назначения в правительстве и **распределение** полномочий (*distribution*)

распредел'ять, распредел'ить: **Распределять** вещи по владельцам будет специальный Межведомственный совет (*distribute*)

рассекр'ечивать, рассекр'етить: Председатель решил **рассекретить заседания** Совета Федерации (*open up meetings*)

рассл'едование (n.): Публика выразила явное недовольство результатами **расследования** инцидента (*investigation*)

рассм'атривать, рассмотр'еть: Закон о бюджете был принят Госдумой, одобрен Советом Федерации, но **рассмотрен** и отклонён Президентом (*considered*); Вопрос о месте государственных гарантий во внутреннем долге государства остаётся открытым в **рассматриваемом** законе (*under examination*); Во время переговоров президенты **рассмотрели ряд вопросов** (*looked at a series of issues*)

расставл'ять, расст'авить: Сегодня только и слышно, что этот видный финансист всюду **расставляет** своих людей (*is positioning*)

расстык'овка (f.): Экипаж орбитальной станции занимается подготовкой к **расстыковкой** (*undocking*)

рассужд'ение (n.): Так как до выборов ещё осталось шесть месяцев, все **рассуждения** о шансах кандидатов – всего лишь интеллектуальные упражнения экспертов (*discussions*)

рассч'итанный (adj.): Эти книги **рассчитаны на** нас с вами – обычных читателей (*aimed at, intended for*)

рассч'итывать, рассчит'ать: Фирма **рассчитывает на** завершение этой работы через несколько дней (*expects*); Губернатор Нижнего заявил, что **рассчитывает** подписать соглашение с югославским правительством (*is counting on*)

расс'ылка (f.): Подписанный указ пока не выпущен в официальную **рассылку** (*distribution*)

расторг'ать, раст'оргнуть: Банк перестал платить заводу за аренду помещения и в конце прошлого месяца получил предложение от завода **расторгнуть** арендный договор (*annul*)

растр'ата (f.): Многие считают, что налог на состояние стимулирует многих богатых людей к бессмысленной **растрате** своих денег при жизни (*squandering*)

расх'од (m.): Суточный **расход** бензина в Москве уже значительно вырос из-за приезда многих тысяч покупателей из соседних регионов страны (*consumption*); Страны НАТО сознательно шли на колоссальные – в десятки миллиардов долларов – **расходы** в недавней югославской войне (*expenditures*)

расход'иться, разойт'ись (г.): О ценностях видного финансиста, кардинально **расходящихся с** нашими, ничего определённого сказать так и не удаётся (*different from*)

расх'одование (n.): Федеральный бюджет не есть ничто иное как форма образования и **расходования** средств для обеспечения функций органов государственной власти (*expenditure*)

расх'одовать, израсх'одовать: В прошлом году резервный фонд собрал 2,4 млрд. рублей, а **израсходовал** всего 1,9 млрд. (*spent*)

расх'оды (m. pl.): Бюджет развития прежде всего представляет собой совокупность денежных средств в составе **расходов** федерального бюджета, направляемых на определённые цели (*expenditure*)

расц'енивать, расцен'ить: Свою победу на выборах кандидат **расценил** как свидетельство стремления нации к примирению (*assessed*)

расчёт (m.): Менатеп, в частности, вчера попросил международную систему VISA блокировать все **расчёты** по своим картам (*payments*)

расш'иренный (adj.): Комитет заседает **в расширенном составе** (*at full strength*)

расшир'ять, расш'ирить: МИД России считает своей главной задачей **расширить** сферу влияния страны (*increase*)

р'аунд (m.): Начинается сегодня новый **раунд** аукциона фирмы «Роснефти» (*stage, round*)

реаг'ирование (n.): Погрузить видеокамеры в машины бандиты не успели – к офису подъехали **группы немедленного реагирования** 37-го отделения милиции (*rapid response groups* [of police])

реаг'ировать, отреаг'ировать: Неизвестно, как Президент будет **реагировать на** требование Думы о его непосредственной отставке от всех должностей (*react to*)

реализ'ация (f.): Договор подписан. Теперь надо приступить к **реализации** договора (*implementation*)

реализ'овывать, реализов'ать: Правительство вряд ли сможет **реализовывать** свою финансовую программу (*carry out, stick to*); Всего до конца года российские компании **реализуют** 20 млн. тонн иракской нефти (*are selling off*)

реаним'ация (f.): Мэру стало плохо и он был срочно направлен в **реанимацию** (*intensive care*)

рев'анш (m.): В 1996-м году была прямая угроза коммунистического **реванша** (*backlash*)

реги'он (m.): **Регионы** России управляются губернаторами и имеют довольно значительную степень автономии (*regions* – see also **край, область, округ, участок**)

регл'амент (m.): **Регламент** определяет, как взяться за смену всего правительства (*rules*); Депутаты должны, как было сказано в **регламенте**, списаться в бюллетене по каждому из пяти пунктов (*regulations*)

регул'ирование (n.): Политика КПРФ – усилить роль государства в **регулировании** экономики (*running*)

ре'естр (m.): Гендиректор завода вычеркнул английскую группу из **реестра** акционеров (*register*)

реж'им (m.): Сегодня Дума работает в нормальном **режиме** (*timetable*); Современные компьютеры работают **либо в текстовом, либо в графическом режимах** (*either in text or graphics mode*); Бомбардировка Сербии идёт **в круглосуточном режиме** (*round the clock*); Преступник был приговорён на срок в **колонии общего режима** (*ordinary prison/labour camp*); Космический корабль летает **в беспилотном режиме** (*on automatic pilot*)

резон'анс (m.): Много политических, социальных и моральных конфликтов получили широкий общественный **резонанс** за последнее десятилетие нашей истории (*response*)

резюм'е (n., indecl.): В московское общество занятости «Триза» ежедневно приходит до 600 **резюме** (ещё месяц назад эта цифра была вдвое меньше) (*CVs*)

р'ейтинг (m.): В данный момент Президент пользуется очень низкими **рейтингами** (*popularity ratings*)

рекрутёр (m.): **Рекрутёры** утверждают, что рынок труда ощутит на себе последствия финансового кризиса только через два-три месяца (*personnel recruiters*)

ремонт'ировать, отремонт'ировать: По специальности нигде не берут – крыши сейчас почти не **ремонтируют**, так что кровельщики не нужны (*repair*)

рент'абельность (f.): Завод работает с прибылью: **рентабельность** составляет чуть ли не 30% (*rate of profit*)

репатри'ант (m.), **репатри'антка** (f.): Один депутат потребовал восстановления в полном объёме прав **репатриантов** (*repatriated persons*)

репл'ика (f.): Так, например, в Владивостоке наш премьер-министр бросил **реплику**, что новый президент России не должен быть пенсионного возраста (*retort*)

репорт'аж (m.): Эти пики в Гималаях фигурируют в **репортажах** из северной Индии как «точка 2316» или «точка 6454» (*journalists' reports*)

респонд'ент (m.): В германских опросах такой точки зрения придерживаются 75,1% **респондентов** (*respondents*)

рестит'уция (f.): Закон о **реституции** назначен урегулировать послевоенные отношения между государствами (*restitution*)

реструктуриз'ация (f.): Программа **реструктуризации** влечёт за собой повышение числа безработных (*restructuring*)

реструктур'ировать (impf.); Словом, Московская область, пользуясь лояльностью кредиторов, ловко **реструктурировала** долги, уменьшив их объём вчетверо (*restructured*)

рефер'ендум (m.): Вопрос нужно решить. **Референдум** должен быть. Надо спросить народ (*referendum*)

рефинанс'ирование (n.): В итоге не получается не только нового кредитования от МВФ, но даже пресловутого **рефинансирования** нашего долга фонду (*refinancing*)

рецикл'ирование (n.): Американские газеты в деталях описывают процесс **рецикл'ирования** долларов из других стран обратно в экономику США (*recycling*)

реципи'ент (m.): Если человек числится рабочим на заводе, хотя зарплаты и не получает то государство не должно его рассматривать как **реципиента** пособия по безработице (*recipient*)

речь (f.): Сегодня премьер **выступил с своей программной речью** (*gave his keynote speech*)

реш'ение (n.): Бывший мэр принимал **решение** не вернуться в Россию пока его безопасность не гарантируют (*decision*); Власти принялись за **решение** задачи (*solution*)

реш'имость (f.): На **решимость** Москвы не допустить в Карачаево-Черкесии «второй Чечни» не повлияла даже довольно убедительная победа карачаевского кандидата на вчерашнем втором туре выборов (*determination*)

ри'эльторский (adj.): Основное обвинение в отношении мэра – незаконная связь с **риэльторской** компанией (*real estate*)

рожд'аемость (f.): В последнее время **рождаемость** в России идёт всё ниже (*birth rate*)

р'озничный (adj.): Это картельное соглашение скоро стало одним из дополнительных факторов, спровоцировавших рост **розничных цен** на бензин (*retail prices*)

р'озыск (m.): Если возбуждено уголовное дело, прокуратура имеет право объявить обвиняемого в **розыск** (*police inquiry*)

роков'ой (adj.): В Германии **роковой** поезд убил 200 людей (*fateful*)

р'оспуск (m.): Этот политический деятель не верит в возможность **роспуска** Думы (*dissolution*); Президент заявил сегодня о **роспуске** всего нынешнего правительства (*sacking, dismissal*)

росси'янин (m.), **росси'янка** (f.): **Россияне** идут сегодня на выборы (*citizens of the Russian Federation*, as distinct from **русские**, '*ethnic Russians*')

рост (m.): На следующей неделе **рост** евро продолжится на мировых рынках (*growth*)

рук'а (f.): Эта информация достоверна; мы получили её **из первых рук** (*at first hand*); **На руку** действующему губернатору **сыграл** тот факт, что оба его оппонента боролись за протестный электорат (*played into the hands of*)

руковод'итель (m.): Видный чиновник был назначен **руководителем** аппарата правительства (*leader*)

руков'одствоваться (r., impf. only, + inst.): Политики всегда **руководствуются** одним прнципом: амбицией быть переизбранным (*follow*); В Совете Федерации члены **руководствовались** вообще стратегическими соображениями а не просто бухгалтерскими мелочами, как это часто бывает с думцами (*were guided by*)

р'усло (n.): Твёрдость рубля **вошла в русло** становления политической стабильности в стране (*contributed to*: lit. **русло** = '*channel*': fig. *course, state of affairs*); Возможное сопротивление Совета федерации можно сломить, умело и своевременно **направив в нужное русло** митинги и волнения карачаевской части избирателей (*by directing into the right channel*)

р'усский, р'усская (m. and f. adj.): **Русский народ** – лишь один из народов Российской федерации (*ethnically Russian*, as opposed to **россиянин** and **россиянка** – see above about this important distinction)

р'ынок (m.): Обвал **фондового рынка** который мы видим – разве это не заказ наших недругов? (*stock market* – see also **финансовый рынок, валютный рынок, убыточный рынок**)

р'ыночный (adj.): На десятом году **рыночной экономики** очереди за бензином стали реальностью (*market economy*)

рыч'аг (m.): Для политика, экономическое состояние страны – это **рычаг** в политической борьбе; У государства достаточно **рычагов**, чтобы заставить даже такую, казавшуюся вечной компанию, как «Медиа-Мост» (*leverage*)

р'экет (m.): **Уголовный рэкет** может принимать разные формы; проституцию, наркобизнес и т.д. (*organized crime*: [US] '*racket*')

рэкет'ир (m.): *racketeer, gangster*

рядов'ой (adj.): Естественно, кандидат в депутаты Думы отличается от **рядового** коммуниста (*rank-and-file*)

С

сад'иться (r.), **сесть**: Новые министры **сядут тут же за руль** (fig. *will take over*, lit. *will sit behind the driving wheel*)

сайт (m.): На одном из **интернетовских сайтов** можно в скором времени ознакомиться с опытом очевидцев, рассказывающих о своих недавних приключениях (*internet site*)

с'аммит (m.): Сараево, где 30 июля состоится **саммит** стран-участниц пакта о стабильности в Юго-Восточной Европе (*summit*)

самов'ольный (adj.): солдат **самовольно покинувший часть** (*AWOL – absent without leave*)

самозв'анец (m.): Для одной части населения, он законный президент, а для другой – никто, **самозванец** (*pretender*)

самоц'ель (f.): Для них деньги и власть – лишь средство для достижения цели, а не **самоцель** (*end in itself*)

с'ани (pl.): Думать сначала о выборах, это **ставить сани впереди лошади** (*put the cart before the horse*); Кандидат **сел не в свои сани** (*has been promoted above his ability, is out of his depth*)

с'анкция (f.): Новый закон об употреблении латвийского языка поведёт к введению односторонних экономических **санкций** против латвийского правительства (*sanctions*)

сбереж'ение (n.): **Сбережения** граждан не находятся в опасности; Не надо предаваться иллюзиям, что через два с половиной месяца **сбережения** населению начнут возвращать (*savings*)

сбив'ать, сбить: Спекуляторам наконец удалось **сбивать** цены на наш урожай (*beat down*); Сербской ПВО ещё не удалось **сбить** натовских самолётов (*bring down*)

сближ'ать, сбл'изить: Смерть Хасана II стала поводом для того, чтобы мировые лидеры смогли в очередной раз **сблизить** свои позиции (*bring . . . closer*)

сближ'ение (n.): Не всем в Марокко может понравиться активное **сближение** с Западом (*rapprochement*)

сбор (m.): План сентября за **сбор налогов** по всей видимости не выполняется (*tax-gathering*)

сб'орка (f.): Начало так называемой **отвёрточной сборки** на СП намечено на февраль 2000 года (*screwdriver assembly*, i.e. not manufacture)

сбыв'аться, сб'ыться (r.): Институт, известный своими регулярно **сбывающимися** экономическими прогнозами, опубликовал очередной доклад, посвящённый перспективам германской экономики (*which come true*)

сбыт (m.): **Сбыт** изумруда на улицах Петербурга просто-напросто запрещается (*disposal, sale*)

сбытов'ой (adj.): Компания может компенсировать возросшие затраты если, конечно, у неё есть **сбытовая сеть** – собственные бензоколонки (*sales network*)

св'аливаться, свал'иться (г.): С этих слов в Интернете страна узнала о жуткой беде, **свалившейся на** ростовскую станицу (*which befell*)

св'едения (n. pl.): Бывшему зампреду Верховного Совета России министр предложил, по достоверным **сведениям** из Думы, пост вице-премьера (*information*)

св'етский (adj.): Будучи в Париже, он водил активную **светскую жизнь**, часто появляясь на приёмах и раутах (*social life*)

свёртывание (n.): Реструктуризация и **свёртывание** балансов объединяющихся банков производится путём дисконтирования обязательств при максимальном сохранении рабочих активов (*reduction*)

свёртывать, сверн'уть: Ограничение торговых надбавок могут привести к тому, что многие предприятия **свернут** свою деятельность (*will curtail*)

свод'ить, свест'и: За время пребывания в больнице бывший мэр не раз заявил, что с ним **сводят счёты** его политические противники (*settle scores*); Если суд не подтвердит право победителя занять кресло главы республики, его роль там **будет сведена к нулю** (*will come/amount to nothing*)

свод'иться (г.): Аргументы, которые мы все слышали, **сводятся к тому, что** . . . (*come down to* . . .)

св'одки (pl.): Судя по **сводкам новостей**, правительство находится в неудобном положении (*news summaries*)

свой (adj.): Президент как всегда **настаивает на своё** (*insists on having his own way*); Лидер оппозиции также хочет **своё слово сказать** (*have one's say*)

св'язывать: Премьер не привык **связывать себя** лишними обещаниями (*tying himself down*)

сдав'аться, сд'аться (г.): Политический деятель, оставшись в одиночестве, будет вынужден **сдаться** (*give up*)

сд'ача (f.): Александр Александрович говорит, что он – доктор правовых наук? Я – доктор рабочих наук, и я готов **давать сдачи** таким докторам правовых наук! (*hit back at*)

сдвиг (m.): Мы все знаем, какие позитивные **сдвиги** прошли с тех пор (*improvements*)

сд'елка (f.): Но **сделка** с телевизионной компанией сорвалась – промышленник, по мнению политического деятеля, запросил слишком большую плату (*deal*); В сфере занятости, высокий спрос сохраняется только на агентов, которые получают не зарплату а **процент от сделок** (*interest on transactions*)

сд'erживание (n.): Министр говорит, что России надо сохранить средства **ядерного сдерживания** (*nuclear deterrence*)

сд'ерживать, сдерж'ать: Премьер был **сдержан** в своих оценках ситуации в Югославии (*reserved, restrained*); Попытки властей административными мерами **сдерживать** цены на бензин привели к его дефициту (*contain*); Редкий политик **сдержит слово** (*keeps his word*)

себест'оимость (f.): Поэтому **себестоимость** телефонного звонка по Интернет-телефонии в несколько раз ниже, чем по традиционным каналам дальней связи (*cost price*)

секвестр'ирование (n.): В компенсации долгов, государство теперь угрожает **секвестрированием** их имущества (*seizure*)

сексагент'ура (f.): Разведывательные управления всех стран часто пользуются **сексагентурой**, т.е. половыми отношениями в цели шантажа (*'honey trap', sexual blackmail*)

сексап'ильность (f.): Все мужчины относятся к авторитетам в деликатном вопросе **сексапильности** женского пола (*sex appeal*)

семёрка (f.): На очередном заседании «**большой семёрки**» будет обсуждаться вопрос о государственной задолженности России (*G7*)

«**семь'я**» (f.): Вдруг выяснилось, что результаты общей победы, то есть отставки российского правительства, хотят присвоить два богача, выражающие интересы «**семьи**» (*'the family'* – i.e. Boris Yeltsin's entourage, including numerous financiers, industrialists, etc.)

сен'атор (m.): Теперь вопрос обсуждается в Совете Федерации. Пусть его решают **сенаторы** (*senators* – i.e. members of the Federation Council, the upper house of the Russian Parliament)

сер'ийный (m.): **серийное производство** (*mass production*); **серийные убийства** (*serial murders*)

с'етовать (pf., in this sense, **пос'етовать**): Министры **сетовали**, что у них уже не осталось свободного времени (*were lamenting*)

сигнализ'ировать, просигнализ'ировать: Поведение НАТО **сигнализировало** России и другим странам, что альянс готов вмешаться в любом месте и в любое время (*acted as a warning*)

с'ила (f.): Сделаю всё, что **в моих силах лежит** (*lies within my power*); Законы действуют с того момента, когда они **вступают в силу** (*come into force*)

силовик'и (pl.): Президент начал срочные переговоры с **силовиками** – с представителями армии, милиции, флота, ВВС и т. д. (*representatives of the security forces, internal and foreign affairs ministries*)

силов'ой (adj.): Не может быть нормального движения вперёд без союза между капиталом и **силовыми структурами** (*power structures*);

синдиц'ировать

Союзники бомбили здания **силовых ведомств** (*security departments*)

синдиц'ировать (impf. and pf.): Недавно кредитный рейтинг Татарстана был снижён из-за невозврата **синдицированного** кредита на 100 млн. долларов (*syndicated*)

син'оптик (m.): Новость плохая: **синоптики** обещают холодный сентябрь (*weather forecasters*)

ситу'ация (f.): **Ситуация** в Балканах теперь более или менее под контролем (*situation*)

сиюмин'утный (adj.): **Сиюминутной** политической выгоды Запад от своей победы не получил (*immediate*)

сказ'аться (r., pf. only, на + pr.): Эти решения не могут не **сказаться на** действиях сторон (*have an effect on*)

скамь'я подсуд'имых (f. + adj. pl.): На **скамье подсудимых** сидят обвиняемые (*dock*)

ск'идка (f.): Это низкая цена – и ещё со **скидкой** (*discount*)

скл'адываться, слож'иться (r.): Экономическая ситуация **складывается** гораздо лучше чем ожидается (*is turning out*)

скоч'ок (m.): С решением этой проблемы, наша страна сделала резкий **скочок** вперёд (*leap*)

ск'упка (f.): Это было сделано путём **скупки** всех существующих долгов на рынке (*buying-up*)

слабин'а (f.): Наши дипломаты, видимо, исходили из того, что партнёр заинтересован в возобновлении сотрудничества гораздо больше, чем Россия, и поэтому **даст слабину** (*will give in*)

сл'амывать, слом'ить: Возможное сопротивление Совета федерации к введению чрезвычайного положения можно **сломить** (*overcome, break down*)

сл'едственный (adj.): На некоторое время его держат **в следственном изоляторе** (*in solitary for investigation*)

сл'едствие (n.): Бывший мэр говорит, что готов ответить на все вопросы **следствия** (*investigation*)

слив'аться, сл'иться (r.): Скорее всего, именно на новую структуру переведут все долги **сливающейся** «тройки» (*merging*)

сли'яние (n.): Вчера совет директоров Банка России одобрил решение о **слиянии** трёх банков (*merger*)

сл'ожность (f.): **В общей сложности**, проблема Чечни – очень тяжёлая проблема для России (*to sum up*)

сл'ушание (n.): Завтра стороны должны появиться на личном **слушании** в арбитражном суде (*hearing*)

см'ена (f.): **Смена** правительства, всех министров ... (*replacement*); В 10 часов вечера приходит на работу ночная **смена** (*shift*); Выпускники наших ВУЗов, это молодая **смена** (*generation*)

см'ертность (f.): При настоящей эпидемии **смертность** может повыситься за сорок процентов (*death rate*)

см'еты (f. pl.): Бухгалтеры просмотрели **сметы** доходов и расходов на текущий год (*accounts*)

смир'яться, смир'иться (г.): Думцы уже **смирились** с его кандидатурой (*have become reconciled to*)

смущ'аться, смут'иться (г.): **Ничуть не смущаясь**, он показывает посетителям своего кабинета книжные полки, на которых нет ни одной книги (*not in the least embarrassed*)

смягч'аться, смягч'иться (г.): В 1950-е годы наконец **смягчился** советский коммунизм (*relaxed*)

смягч'ение (n.): Российский переговорщик не добился **смягчения** позиций президента Югославии (*softening*); Эти меры способствуют постепенному **смягчению** обстановки в республике (*relaxation*)

сниж'ение (n.): Главная задача на 1998 г. – это **снижение** бюджетного дефицита (*reduction, lowering*)

сн'ятие (n.): В настоящее время решается вопрос о **снятии** эмбарго на поставки оружия (*removal, lifting*)

собес'едник (m.): Спецпредставитель Президента находится в переговорах и его **собеседник** начинает делать уступки (*interlocutor, partner*)

собир'аемость (f.) При высоком налоговом прессе **собираемость налогов** падает (*collectability of taxes*)

собир'ание (n.): Экономическое положение в стране не может не сказаться отрицательно на **собирание налогов** (*process of tax collection* – see also **сбор налогов**)

соблюд'ать, соблюст'и: Чтобы получить деньги, правительство должно строго **соблюдать** выполнение бюджета (*keep to, ensure*)

соблюд'ение (n.): Избирательные нормы призывают сторонников кандидатов к **соблюдению** законов, относящихся к проведению выборов (*observance*)

соболезнов'ания (n. pl): Лидер фронта национального освобождения поспешил выразить свои **соболезнования** сыну и семье покойного короля (*condolences*)

с'обственник (m.): Каждый **собственник** распоряжается капиталом, пусть даже маленьким, гораздо более эффективно, чем Центр (*property-owner*)

с'обственность (f.): Реформаторы говорили: все должны быть равны в правах – и лишил население возможности участвовать в справедливом дележе **собственности** (*property*)

сов'ет (m.): Для начала, помощник президента стал председателем **совета директоров** РАО «ЕЭС России» (*board of directors*)

сов'етник (m.): Явно против него будет влиятельная группа **советников** бывшего монарха (*advisers*)

совещ'ание (n.): С 31 мая в администрации президента проходит целый ряд **совещаний**, главная цель которых – выработать политику в отношении частной телевизионной компании (*conference*)

совм'естный (adj.): Уже давно как образуются в России **совместные предприятия** (*joint enterprises*); Президенты России и Беларуси подписали **совместные документы** (*mutually agreed documents*)

совмещ'ать, совмест'ить: Другое дело, что **совмещать** эмиссию с «приемлемым» курсом рубля долго невозможно (*combine*)

согл'асно (prep. + dat.): Вопрос возникает о том, кто и **согласно** какой процедуре может утвердить порядок признания случаев гарантийными (*in accordance with*)

соглас'овывать, согласов'ать: Натовские страны уже **согласовали** свои позиции в отношении войны в Югославии (*have coordinated*); Итоговый документ приходится **согласовать** с Белградом (*be agreed*)

соглаш'ение (n.): Министр заявил, что он рассчитывает подписать **соглашение** с югославским правительством об участии российских фирм в восстановлении экономики республики (*agreement*)

сод'ействовать (impf. and pf. + dat.): Получить подпись президента Югославии под соглашением реально, поскольку **содействовать** российским фирмам взялась сербская компания (*help*)

содерж'ание (n.): Фирма даёт деньги **на содержание** детского сада (*for the upkeep*); Остальное, порядка 12 млрд., осталось в распоряжении фонда и его региональных отделений на «**содержание аппарата**», и т. д. (*staff costs*)

содерж'ательный (adj.): Вчера у премьера состоялся **содержательный** разговор с Президентом (*rich in content*)

содерж'ать (impf. only): В данный момент к сожалению у нас нет средств, чтобы **содержать** больницы, школы, детсады и т. д. (*maintain*)

с'озыв (m.): Президент безусловно надеется, что легче будет работать с Госдумой следующего **созыва** (*term*)

сокращ'ать, сократ'ить: К сожалению, за последние годы фирмам пришлось **сократить** много рабочих (*make redundant*); После бурных реакций на речь, организаторы решили **сократить** митинг (*cut short*); Впрочем, кризис заставил всех **сократить расходы** и учиться экономии (*reduce their expenses*)

сокращ'ение (n.): Кандидат выступает за **сокращение** налогов (*reduction*)

солом'онов (adj.): Конституционный суд вчера принял **соломоново решение** по вопросу о реституции перемещённых культурных ценностей (*judgment of Solomon*)

соображ'ать, сообраз'ить: Торговцы бензином быстро **сообразили, что к чему** (*realized what's what*)

соображ'ение (n.): Много **соображений** побудили правительство принять это решение (*considerations*)

сообраз'ительный (adj.): Сторонники кандидата говорят, что он живой и **сообразительный** (*bright*)

со'общество (n.): Положение на Балканах – тревожное для **международного сообщества** (*international community*)

со'общник (m.): Трое мужчин вошли в подъезд, один из них позвонил в квартиру, а его **сообщники** спрятались в лестничной клетке (*accomplices*)

соотв'етствие (n.): **В соответствии со** статьёй 11 Закона РСФСР «Об основах бюджетного устройства и бюджетного процесса в РСФСР» Бюджет развития является составной частью расходов федерального бюджета (*in accordance with*)

соотв'етствующий (adj.): **Соответствующий** интернациональный комитет рассматривает вопрос о принятии России в ряды «Большой семёрки» (*appropriate, corresponding*)

соотнош'ение (n.): Стоит ли говорить, что **соотношение** долгов и доходов региона изменилось? (*correlation*)

соп'ерник (m.), **соп'ерница** (f.): На военных учениях надо играть исключительно в те игры, в которых ваш **соперник** является действительно сильным (*rival*)

сопоставл'ять, сопост'авить: Капитал, которым внебюджетные фонды располагают, вполне **сопоставим** с доходами федерального бюджета (*comparable*)

сопред'ельный (adj.): Дагестан является **сопредельной** территорией Чечни (*bordering*)

сопротивл'ение (n.): **Сопротивление** Президент может встретить в Совете федерации (*resistance*)

сор'атник (m.): Сербская компания принадлежит **соратникам** президента Югославии (*comrades-in-arms*)

сос'едствующий (adj.): Эту ситуацию пытаются использовать все государства, **соседствующие с** Югославией (*neighbouring*)

сослуж'ивец (m.): Все годы никто из **сослуживцев** не знал, что она – дочь председателя ЦБ России (*fellow-workers, colleagues*)

сосредот'очиваться, сосредот'очиться (r.): Если финансист не сдастся, Кремль **сосредоточится на** борьбу за частную телевизионную компанию (*will concentrate on*)

сост'ав (m.): Уже имели место заседания правительства **в обновлённом составе** (*in its new composition*)

составл'ять, сост'авить: В прошлом году иностранная инвестиция **составила** 10 мд. р. (*came to*)

составл'яющая (f.): Обязательства, гарантированные Правительством РФ, относят к **составляющей** внутреннего долга РФ (*part, component*)

состо'яние (n.): Сейчас Россия уже **не в состоянии** выполнить требования своих кредиторов (*is in no state to*); В средневековой Европе **налог на состояние** был очень популярен (*wealth tax*)

состо'ятельный (adj.): Римский император Нерон заставлял наиболее **состоятельных** граждан написать завещание в пользу императора (*wealthy*)

состо'яться (r., perf. only): В декабре **состоятся** думские выборы (*take place*); Явка избирателей легко превысила 25%, необходимые, чтобы выборы считались **состоявшимися** (*valid*)

с'отовая связь (adj. + f.): Портативный телефон работает путём **сотовой связи** (*cellular communications*)

сотр'удничать (impf. only, **с** + inst.): Все эти российские компании в рамках программы «Нефть в обмен на продовольствие» тесно **сотрудничали** с Ираком (*have collaborated*)

сотр'удничество (n.): Дело Думы, это **сотрудничество** партий с правительством (*collaboration*)

сохр'анность (f.): Потом богачи, правда, часто жалуются, что в таких офшорных зонах полно проходимцев и **сохранность** состояния достигается далеко не всегда (*safety*)

соци'алька (f.): В восьмидесятые годы, деньги шли на **социальку**, например на пенсии (*social expenditures*)

соцобеспеч'ение (n.): Вице-президент США поддерживает ряд социально значимых инициатив, таких, как реформа системы **соцобеспечения** и пенсий (*social security*)

соцстр'аховский (adj.): Система распределения **соцстраховских** денег делает его исключительно привлекательным с точки зрения предвыборной агитации (*social insurance*)

спад (m.): В девяностые годы мы видели полный **спад производства** (*fall in production*)

спас'ательные с'илы (adj. + f. pl.): Всё бремя работы с жертвами несчастных случаев лежит на **спасательные силы** (*rescue/ emergency forces*)

спектр (m.): У нас сегодня полный политический **спектр**, от правого края до левого (*spectrum*)

сп'исывать, спис'ать: В последние годы обострилась проблема **списанного** атомного флота России (*written off*)

спл'ачивать, сплот'ить: Три года после выборов 1991-го года, чеченцев успешно **сплотила** российская армия (*united*)

сподв'ижник (m.): see **соратник**

спок'ойствие (n.): Объявление правительства – призыв к сторонам сохранить **спокойствие** и соблюдать закон (*calm*)

спос'обность (f.): У Думы уже нет **способности** успешно заниматься этим делом (*ability*)

спос'обствовать, поспос'обствовать (+ dat.): Премьер во многом **способствовал** нашей работе, говорят министры (*furthered, helped*)

справл'яться, спр'авиться (r.): Новый замминистра либо **справится** с задачей, либо он будет снят с поста (*will cope with, manage*)

спрос (m.): В последние дни **спрос на** доллары в несколько раз превышает предложение (*demand for*)

сраб'атывать, сраб'отать: Натовская политика на Балканах **не срабатывает** (*is not working*)

среднеср'очный (adj.): *medium-term* – see also under **долгосрочный**

ср'едства (n. pl.): На этот план **средств** пока нет (*finances*); **Средства массовой информации** теперь находятся в частных руках (*mass media*)

срок (m.): Надо установить **сроки** погашения задолженности (*deadlines, time-limits*)

срыв (m.): Арест чеченского уполномоченного в России сегодня, это, говорят, провокация, направленная на **срыв** готовящейся встречи двух президентов (*disruption*)

срыв'ать, сорв'ать: В ходе манёвров, ПВО удалось **сорвать** воздушное наступление противника (*foil, disrupt*)

сс'уда (f.): Международный Валютный Фонд сегодня выделил России **ссуду** в 3 млд. рублей (*loan*)

ссыл'ать, сосл'ать: В сталинский период часто **ссылали** невинных людей на каторгу (*were exiled*)

ссыл'аться, сосл'аться (r.): **Ссылаясь на** данные общенациональных опросов, он сообщил, что «американцы не заинтересуются выборами, пока не пройдёт финал Суперкубка по футболу» (*referring to*)

сс'ылка (f.): Свою речь Григорий Александрович кончил со **ссылкой** на положение правительства (*reference*); В советский период многих инакомыслящих наказали **годами ссылки** (*with years of exile*)

стабилиз'ация

стабилиз'ация (f.): С тех пор как был у нас в стране финансовый кризис, мы видим постепенную **стабилизацию** нашей экономики (*stabilization*)

стабилиз'ироваться (r., impf. and pf.): Курс доллара в последние дни **стабилизировался** в диапазоне 11-12 р./$ (*stabilized*)

ст'авить, пост'авить: **Просьба не ставить машину** перед воротами (*please do not park*); Мы сами **поставим вопрос о** нашем уходе (*will raise the issue of*); Депутаты требовали, чтобы вопрос был **поставлен на голосование** (*put to a vote*); Спикер обещал, что он **поставит** Думу **в известность** о ходе переговоров (*will keep posted/informed*); Президент **поставил подпись на** новый законопроект (*signed*); При рассмотрении законопроектов чаще всего надо **ставить точки над «i»** (*dot the i's*); Комментаторы постоянно говорят, что федеральный центр должен наконец **поставить** нужную ему **точку** в чеченском деле (*put an end to*)

ст'авка (f.): После экономического кризиса прошлого года российская экономика немного стабилизировалась и **базовая ставка** понизилась (*base rate*); Американский вице-президент **делает ставку на** продолжение крайне популярной и эффективной линии нынешней администрации в экономике (*is betting on*); (also pl.) Премьер-министр не раз говорил, что в нынешнем косовском кризисе **ставки высокие** (*stakes*)

ст'авленник (m.): Финансисту, кроме того, уже дали понять, что его **ставленник**, один из вице-премьеров, вряд ли останется в новом правительстве (*protégé*)

ст'алкиваться, столкн'уться (r.): Главное – специфика проблем, с которыми **сталкиваются** россияне (*run up against*)

станд'арт (m.): Многие считают, что единственный путь укрепления рубля – введение **золотого стандарта** (*gold standard*)

становл'ение (n.): Рубль сделал большой вклад в дело **становления** политической стабильности в стране (*coming into being*)

стар'ание (n., usually pl.): Говорят, благодаря именно его **стараниям** заседавший 28 июля в Вашингтоне совет директоров МВФ одобрил выделение России соответствующего кредита (*efforts*)

стартов'ать (impf. and pf.): Программа «Нефть в обмен на продовольствие» **стартовала** в 1996 году (*started up*)

ст'атус (m.): Закон придаёт татарскому языку **статус** государственного языка (*status*)

стать'я (f.): В соответствии со **статьёй** 107 Конституции РФ Президент вчера отклонил Федеральный закон «О Бюджете развития Российской Федерации» (*clause*)

стеч'ение (n.): Премьер выступил с речью перед большим **стечением народа** (*gathering*)

стимул'ирование (n.): Стандартный механизм **стимулирования** роста через спрос – индексация зарплат и пенсий, снижение налогообложения и бюджетная экспансия (*stimulation*)

ст'искивать, ст'иснуть з'убы: Лужков считает, что мы должны **стиснуть зубы** и продолжать переговоры с МВФ (*grit our teeth*)

стих'ийный (adj.): Шахтёры начали **стихийную** акцию протеста (*'wildcat', spontaneous*)

ст'оимость (f.): Рост цен неизбежен; первое существенное повышение **стоимости** сырья у поставщиков заставит любой завод увеличить оптовую цену (*cost*); На прошлой неделе тульская городская администрация представила проект строительства в городе двух автодромов и обслуживающего комплекса **общей стоимостью** $200 млн. (*to a total value of*)

стол (m.): see under **переговоры**

стопроц'ентный (adj.): Стабильность далеко не даёт **стопроцентную** уверенность в том, что у нас будет экономический рост в следующем году (*complete, 100 per cent*)

стор'онник (m.): Объявление призывает **сторонников** кандидатов к спокойствию и соблюдению закона (*supporters*)

стратег'ический (adj.): Есть ещё один вид долга – кредиты регионам банков, инвестиционных компаний, **стратегических инвесторов** и пр. (*long-term investors*)

стр'ахование (n.): Фонд **социального страхования** не самый крупный из фондов (*social insurance*)

страх'овка (f.): Некоторые московские фирмы уже несколько месяцев продают услуги IT, **для страховки** называя эту деятельность «опытно-коммерческую» (*as a safeguard*)

стр'елка (f.): Став премьером, он **переведёт стрелки народного недовольства** с правительства на президента (*will deflect popular discontent*)

стык'овка (f.): **Стыковка** американского шатла с космической станцией «Мир» произошла безопасно (*docking*)

субсид'ирование (n.): Шаги по поддержке экспорта могут быть дополнены полным отказом, в то же время, от всякого **субсидирования** импортов (*subsidizing*)

субъ'ект (m.): Автономные республики, области, края являются **субъектами** Российской Федерации (*component parts*)

суд'ебный (adj.): Остальные – безнадёжные долги, которые невозможно вернуть даже **судебным путём** (*by judicial means*)

суд'имость (f.): Практически все члены банды имели **судимости** (*criminal convictions*)

суд'иться (r., c + inst.): АРБ решил **судиться с** этими ведомствами, а заодно и с поддерживающим их действия президентом (*take to court*)

суд'я по (+ dat.): **Судя по всему** он не станет членом правительства (*going by appearances*)

сумм'арный (adj.): **Суммарный долг** регионов по агрооблигациям составляет сегодня почти 2,5 млрд. рублей (*total debt*)

суп (m.): Нельзя два раза съесть один и тот же суп (*you can't have your cake and eat it*)

с'упер-: Только что мы получили **суперсвежие** новости (*the very latest*); В сегодняшнем мире осталась лишь одна **супердержава** (*superpower*)

сухоп'утный (m.): Многие говорят о необходимости введения **сухопутных войск** в Косово (*ground forces*)

схв'атка (f.): Президент же, по замыслу Кремля, должен был вновь «**подняться над схваткой**» (*rise above the struggle*)

сход'иться, сойт'ись (r.): Главный итог **сходится к тому, что** Президент готов назначить его на пост премьера (*boils down to the fact that*)

сцен'арий (m.): Балканская война оказала самое серьёзное влияние на **сценарий** военных учений российской армии (*scenario*)

счёт (m.): Порой **за счёт** новых кредитов возвращают ранее взятые (*making use of*)

съёмочный (adj.): Вся **съёмочная группа** была взята в заложники бандитами (*film crew*)

сюж'ет (m.): Короткий **сюжет** показывает приезд Президента Беларуси в Кремль (*film clip*)

Т

табл'о (n. indecl.): Итоги голосования в Госдуме были показаны на электронном **табло** (*board*)

т'айна (f.): Достаточно обеспечить в стране **банковскую тайну** и ликвидировать налоги – и деньги со всего мира потекут к тебе рекой (*banking confidentiality*)

там'оженная пятёрка (adj. + f.): (*the customs union of Russia, Belarus, Kazakhstan, Kirghizia and Uzbekistan*)

тек'ущий (adj.): Закон, который Государственная Дума обсуждает в данный момент, это проект общенационального бюджета на

телегр'аф

текущий год (*present*); Министр финансов доложил остальным министрам о **текущей** ситуации в экономике (*current*); Со своей стороны, инвесторы вынуждены считаться с физической невозможностью не только выплачивать долги, но и выделять деньги на **текущие бюджетные расходы** (*current expenditures*)

телегр'аф (m.): Идут слухи, что бомбардировки южной республики скоро прекратятся, и этот **народный телеграф** дал населению слегка расслабиться (*bush telegraph, grapevine*)

тел'ежка (f.): В супермаркете обычно кладут покупки в **тележку** (*trolley*); Думать сначала о выборах, это **ставить тележку** (*or* **сани**) **впереди лошади** (*put the cart before the horse*)

телем'ост (m.): В телевизионных передачах часто пользуются **телемостом** между Россией и другими странами (*satellite link-up*)

тем'атика (f.): **Тематика** вчерашнего совещания была предстоящие выборы (*subject matter*)

т'емпы (m. pl.): Российская экономика развивается очень низкими **темпами** (*pace* – lit. *tempo*); Подготовка ко встрече президентов идёт **интенсивными темпами** (*at an intense rate*)

т'ендер (m.): В конце 1997 года был объявлен **тендер** (*tendering process*)

т'ендерный (adj.): Определять не будем на **тендерной** основе; проводить конкурсы в которых может участвовать каждый, способный реально вкладывать деньги (*tender*)

тенев'ой (adj.): Не злоупотребляет ли наше Министерство экономики манипулированием статистических данных о **«теневой экономике»**? (*shadow economy*)

тер'акт (m.): На ближнем востоке разные группировки предпринимают **теракты** (*terroristic acts, terrorism* – abbreviation)

тер'ять, потер'ять: Президент никогда не должен **терять лицо** в политической деятельности (*lose face*)

технокр'ат (m.): Правительство **технократов** способных вывести страну из кризиса, вот что нам нужно (*of technocrats*)

теч'ение (n.): see under **плавать**

течь (impf.): Будет большой скандал в министерстве если **что-то там течёт** (*there is a leak there*)

тир'аж (m.): Книга вышла **очень ограниченным тиражом** 500 экземпляров (*in a very small print run*)

толков'ание (n.): Речь здесь идёт о **толковании** того российского закона, который освобождает всех военных юристов от всякой уголовной ответственности (*interpretation*)

т'онус (m.): Этими частыми полётами русское правительство надеется **поднимать моральный тонус** у своих войск в Сербии (*raise morale*)

т'опливный (adj.): На прошлой неделе **топливным** вопросом занимался лично премьер-министр (*fuel*)

торг (m.): После двухчасового закрытия, биржевые **торги** могут снова проходить (*deals*); **Объём** вчерашних **торгов** превысил $90 млн. (*trading volume*)

тормоз'ить, затормоз'ить: Повышение инфляции значительно **затормозило** рост экономики в прошлом году (*slowed down*); Премьеру удалось **тормозить** кризис в разных сферах (*put the brake on*)

т'очка (f.): В договоре ясно видно, что обе стороны хотели всё уточнить, и поэтому **поставили точки над «i»** (*dotted the i's*); Своим решением Конституционный Суд **поставил точку** в долгой ссоре между президентом и парламентом (*has put an end to*); Ближний Восток давно является одной из **горячих точек** международной политики ('*hot spots*'); Можно надеяться, что переговоры **сдвинутся с мёртвой точки** (*will start moving forward again*)

тракт'овка (f.): Разумеется, богатейшие люди Европы и Америки не согласились с такой **трактовкой** «экономической демократии» (*interpretation*)

трампл'ин (m.): Пост вице-спикера станет для него **трамплином** для более высокого поста (lit. *trampoline*: fig. *stepping-stone*)

трансл'яция (n.): Права на **трансляцию** матча принадлежат ОРТ (*transmission*); Вчерашняя **трансляция** заседания Госдумы продолжалась весь день (*broadcast from*)

тр'анспортник (m.): В стране ещё не бастовали **транспортники** — водители автобусов и т. д. (*transport workers*)

транш (m.): МВФ сегодня согласился отдать России очередной **транш** кредита (*tranche*)

траст (m.): Губернатор края дал нефтянику **траст** на 20% главного розничного торговца бензином в крае (*shareholding*)

тр'атить, потр'атить: В течение первой половины 1999 года европейские корпорации **потратили** $72.8 млрд на покупку 94 американских компаний (*expended*)

тр'ебование (n.): Сейчас Россия не может выполнить **требования** своих кредиторов (*demands*)

тр'ейдер (m.): В ответ на просьбу иракской стороны, российские чиновники сократили число **трейдеров** по программе «Нефть в обмен на продовольствие» до одиннадцати ([*stock*] *trader*)

тр'ения (n. pl.): Теперь нужно забыть о **трениях** и искрах, которые бежали при формировании правительства (*rows*)

трёхсторонний (adj.): В Хельсинки состоялась **трёхсторонняя** встреча — российский премьер, американский представитель и председатель Европейского сообщества (*tripartite*)

трудоспос'обный (adj.): В ближайшие 3 года безработица увеличится до 15% **трудоспособного** населения (*able-bodied*)

трудоустр'оиться (perf. only): В больших городах намного легче **трудоустроиться**, чем в северных регионах страны (*to get a job*)

туп'ик (m.): Поиск «ассиметричного» военного ответа на гипотетическую агрессию со стороны Запада **заводит** наше военное планирование **в тупик** (fig. *is leading up a blind alley*)

тур (m.): Кандидат из коммунистической фракции победил на втором **туре** выборов (*round*)

турн'е (n., indecl.): В Рабат прибыл также французский президент Ширак, прервавший для этого своё **турне** по странам Африки (*tour*)

тус'овка (f.): Сейчас в Москве уничтожены все традиционные места молодёжных **тусовок** (*gatherings*)

т'яжба (f.): Своим решением о реституции перемещённых культурных ценностей Конституционный Суд поставил точку в долгой **тяжбе** президента с парламентом (*rivalry, trial of strength*)

тяжелов'ес (m.): Ельцин, Черномырдин, Примаков, это все – политические **тяжеловесы**. Такие **тяжеловесы** нужны стране в кризисном периоде, теперь как никогда (*heavyweights*)

тян'уть вр'емя (impf. + n.): Правительство не хочет **тянуть время** лишними прениями в парламенте (*drag it out*)

У

убежд'ать, убед'ить: Возобновив своё сотрудничество с НАТО, Россия присоединилась к голосу альянса, **убеждающему** сербов не покидать Косово (*which was trying to persuade*)

убив'ать, уб'ить: Своим решением суд **убил сразу двух зайцев** (*killed two birds with one stone*)

'убыль (f.): Потребовалось ещё пять лет «охоты на ведьм», прежде чем истерия **пошла на убыль** (*died down*)

уб'ыток (m.): **Убытки** можно покрывать за счёт повышения розничных цен в тех регионах, где их заправок большинство (*losses*)

уб'ыточный (adj.): В прошлом году, по официальным данным, уже 52 процента предприятий были **убыточными** (*loss-making*)

уваж'ительный (adj): **По уважительным причинам** она не могла приехать на приём (*for valid reasons*)

увелич'ение (n.): **Увеличение** загрузки нефтеперерабатывающих заводов внутри страны непременно сбьёт цены на нефть в России (*enlargement, increase*)

увел'ичивать, увел'ичить: Цель наших хозяйственников – **увеличить** выпуск производства всех заводов страны (*enlarge, increase*)

увел'ичиваться, увел'ичиться (г.): За последние годы средняя зарплата в стране **увеличилась** только на несколько процентов (*has increased*)

ув'енчиваться, увенч'аться (г.): Усилия спецпредставителя Президента **увенчались успехом** (*were crowned with success*)

увольн'ение (n.): **Увольнение** премьера должно было снять с Президента большую часть ответственности за крах экономических реформ (*sacking*)

угледобыв'ающий (adj.): **Угледобывающая** промышленность находится в кризисе (*coal-mining*)

уг'ода (f.): Правоохранительные органы отрабатывают свою зарплату на честных людях, **в угоду** политическим амбициям (*as a sop to*)

угол'овник (m.): По сведениям супруги мэра, милиция подготовила двух **уголовников**, чтобы заставить мужа дать нужные показания (*criminals*)

угол'овный (adj.): Каждый гражданин носит **уголовную** ответственность за свои поступки (*criminal*)

уг'он (m.): Самый быстро растущий отрасль преступности в России, это – **угон автомобилей** (*taking cars without the owner's consent*): Типический акт террористов, это – **угон самолёта** (*plane hijacking*)

уд'арить по рук'ам: С того момента, как стороны **ударят по рукам**, они становятся друг с другом предельно корректны (*strike a bargain*)

уд'ерживать, удерж'ать: Рубль сегодня более или менее **удержал** свои вчерашние позиции (*hung on to*); Второе обязательство Президента РФ заключается в том, чтобы **удержать** законную власть на протяжении всего отмеренного законом срока (*retain*)

удешевл'яться, удешев'иться (г.): По рассказам биржевиков, сегодня рубль должен был **удешевиться** (*cheapen*)

удовлетвор'ять, удовлетвор'ить: Суд **удовлетворил просьбу** адвоката освободить его клиента (*acceded to the request*)

удост'аиваться, удост'оиться (г.): Первым из лидеров арабского мира марокканский король **удостоился** аудиенции у папы римского (*received, was awarded*)

ук'аз (m.): **Указ** о назначении бывшего военнослужащего на пост премьера был подписан Президентом вчера (*decree*)

указ'ание (n.): Министр каждый день давал **указания** в отношении процесса (*instructions*)

укл'адываться, ул'ечься (г.): После вчерашнего бурного заседания, в Госдуме страсти **улеглись** (*have settled down*); В предвыборной кампании многое зависит от целого ряда нюансов, **не укладывающихся** ни в какие схемы социологов и политиков (*which do not fit*)

ультимат'ивный (adj.): Как югославская сторона теперь будет реагировать на вчерашнее **ультимативное требование** западных союзников? (*final demand*)

уменьш'ать, ум'еньшить: Теперь у всех на устах предложение министра топлива и энергетики **уменьшить** квоты на экспорт нефти (*reduce*)

уменьш'ение (n.): Со своей стороны, инвесторы вынуждены считаться с **уменьшением** доходов местных бюджетов (*reduction*)

ум'еренный (adj.): Ругова – председатель **умеренной** части косовской общественности (*moderate*)

умил'яться, умил'иться (г. + dat.): Население, конечно, **умилялось** подобным фактам о коллективной благотворительной помощи (*was moved by*)

уничтож'ение (n.): В Алжире власти и исламисты ведут настоящую **войну на уничтожение** (*war of annihilation, war to the death*)

упир'аться, упер'еться (г.): Российская сторона постаралась во что бы то ни стало не оставить натовцам времени на размышления. Но натовцы **уперлись** (*dug their heels in*)

уполном'оченный (adj.: also m. decl. like adj.): Летом 1995 года, поскольку курс доллара снижался, было принято решение о продаже 50% экспортной выручки через **уполномоченные** банки (*authorized*); **Уполномоченный** Президента в Чечне прилетел вчера в Грозный (*representative*)

управл'енец (m.): Министр по образованию – в сущности **управленец** (*manager*)

управл'яемость (f.): Космическая станция «Мир» **потеряет управляемость** (*will be out of control*)

управл'ять, упр'авить (+ inst.): Частные фонды позволяли наследникам сохранять состояние и **управлять** им в своих интересах (*control, manage*)

упраздн'ять, упраздн'ить: Осенью отраслевые фонды должны быть **упразднены** (*abolished*)

упуск'ать, упуст'ить: Часто при этом многие начисто **упускают из виду**, что технический прогресс всегда идёт бок о бок с изменениями в политике (*lose sight of the fact that*)

ур'а-патриот'ический (adj.): Нынешней весной **ура-патриотическая** истерика по мотивам «православного братства» обернулась оправданием преступлений тоталитарного режима Милошевича (*jingoistic*)

урегул'ирование (n.): Договор об **урегулировании** войны в Чечне уже подписан (*settlement*)

ур'он (m.): Последними атаками союзники **нанесли** значительный **урон** Ираку (*inflicted damage on*)

ус'иливать, ус'илить: Отставка бывшего премьер-министра **усилила** оппозиционные тенденции в Совете Федерации (*has reinforced*)

ускор'ение (n.): Иностранные кредиторы хотят **ускорение** процесса банкротств проблемных банков (*acceleration*)

усл'овливаться ог **усл'авливаться, усл'овиться** (r.): Министры **условились** чтобы найти решение этого спорного вопроса (*agreed*)

усл'уга (f.): Благотворительные фонды обычно брали за свои **услуги** от 10 до 15%, а комиссионные тратились на личные нужды по усмотрению руководителей (*services*)

усм'атривать, усмотр'еть: Министр **усмотрел в этом** происки губернатора, его противника (*interpreted this as*)

усмотр'ение (n.): Президент поступает **по своему усмотрению** (*at his own discretion/as he sees fit*)

уст'ав (m.): **Устав** компании «Газпром» позволяет директору чувствовать себя вполне защищённым – снять его на самом деле практически невозможно (*regulations*)

уст'авный (adj.): **Уставный капитал** нового банка предполагается довести до $500 млн. (*nominal capital*)

устан'авливать, установ'ить: Война для них – уже не способ **установить контроль** над территориями и природными ресурсами других стран (*establish control*)

устан'овленный (adj.): Правительство Российской Федерации выплачивает по выданным ранее гарантиям при наступлении случаев, признанных **в установленном порядке** гарантийными (*in accordance with established procedures*); В сроки, **установленные законом**, внесена всего лишь одна кандидатура (*stipulated by law*)

устр'аивать, устр'оить: Его кандидатура категорически **не устроила** главу кремлёвской администрации и министра внутренних дел (*did not suit*); С тех пор, Нина Александровна стала просить мужа **устроить её на работу**, чтобы увеличить пенсию (*get her a job*)

устр'аиваться, устр'оиться (r., + inst.): Экс-министр **устроился** директором московской Центральной топливной компании (*got a job as*)

устран'ение (n.): Прокурор заявил о необходимости **устранения** нарушений закона (*elimination*)

уст'упка (f.): Что ни говори, но Ельцин пошёл на колоссальные **уступки** оппозиции (*concessions*)

утверд'ительный (adj.): На вопрос был получен **утвердительный ответ** (*confirmatory answer*)

утвержд'ать, утверд'ить: Евгений Примаков сегодня был **утверждён на должность** премьер-министра подавляющим большинством голосов депутатов (*confirmed as*)

утвержд'ение (n.): **Утверждение** Госдумой Виктора Геращенко руководителем Центробанка заставил сильно поволноваться либералов всех мастей (*confirmation*)

ут'ечка (f.): Выезд из страны учёных и научных работников – так называемая **утечка мозгов** – очень вредит народному хозяйству (*brain drain*); **Утечек** о результатах состоявшейся вчера встречи премьера с американским вице-президентом пока ещё нет (*leaks*)

утир'ать, утер'еть нос кому-то: Каждая сторона считает, что **утерла другой нос** (*has scored off the other*)

ухитр'яться, ухитр'иться (г.): Российское правительство может получить очередные транши кредита Всемирного Банка, если **ухитрится** провести ряд серьёзных законов перед парламентскими выборами или сразу после них (*is clever enough to*)

ух'од (m.): В Госдуме сегодня сожалеют об **уходе** премьера (lit. *going*: here *quitting, sacking*); Можно сразу видеть, что за министра вовсе нет **ухода** (*supervision of*)

ухудш'ение (n.): **Ухудшение** динамики промышленного производства говорит о том, что позитивный эффект от девальвации исчерпан (*worsening*)

уцел'евший (adj.): Жителей **уцелевших** деревень нашли в соседних лесах (*unharmed, intact*)

уч'асток (m.): Политически, города делятся на **избирательные участки** (*wards* – see also **край, область, округ, регион**); В Апсуа выборов не было – там даже **избирательный участок** не открылся (*voting station*)

уч'ение (n.): Полномасштабные стратегические **учения** армия сейчас позволить себе не может (*training exercises*)

учёт (m.): Уволившись от работы, преподаватель **стал на учёт** в службу занятости (*registered*)

уч'итывать, уч'есть: **Учитывая, что** цена нефтеперерабатывающего завода и так вплотную подошла к «критической отметке», установленной картельным соглашением, это будет означать выход того завода из картеля (*considering that*); Таким образом, если уроки югославской войны были **учтены** в ходе недавних российских военных учений, то совсем не те, что следовало (*taken into consideration*)

уч'итываться, уч'есться (г.): Средства Бюджета развития **учитываются** в расходной части федерального бюджета (*are accounted for*);

учрежд'ать

Предложения России к сожалению не будут **учитываться** союзниками в их очередных планах (*be taken into account*)

учрежд'ать, учред'ить: Возможно, конечно, что все три фирмы были **учреждены** руководством банка и что никакой реальной продажи акций на сторону не было (*founded, set up*)

ущемл'ять, ущем'ить: Это решение **ущемляет права** граждан и они с ним не согласны (*infringes the rights of* − see also **нарушать**)

ущ'ерб (m. + dat.): Если так продолжать, будет огромный **ущерб** нашему престижу (*harm done*); Материальный **ущерб** инцидента исчисляется миллиардами долларов (*damage*)

уязв'имый (adj.): Самым **уязвимым** пунктом у Президента является чеченская ситуация (*vulnerable*)

Ф

федер'алы (m. pl.): Однако, своим решением 23 июня Верховный суд России спутал **федералам** все карты (*federal* [i.e. national] *authorities*)

федер'альный (adj.): Вопросы о национальных распрях обычно решаются **на федеральном уровне** (*at the federal level* − i.e. nationwide for the Russian Federation as a whole); **Федеральному центру** на Кавказе пока ещё есть с кем и о чём договариваться (lit. *centre of the* [Russian] *Federation*, i.e. Moscow)

фикс'ированный (adj.): Однако фактически давно уже действует **фиксированная пошлина** − 5 евро за тонну (*fixed rate of duty*)

фин'ал (m.): У этой истории, в конце концов, оказался достаточно благополучный **финал** (*ending*)

фин'ансовый (adj.): Вчера **на финансовом рынке** мы видели повышение базовой ставки (*on the money markets*)

ф'инишная прям'ая (adj. + f.): Через упорную работу ребята наконец **вывели дело на финишную прямую** (*brought the affair to a successful conclusion* − lit. *to the final straight*)

фонд (m.): Богачи вынуждены были искать выход. В США фаворитами всегда были **частные фонды** (*trust funds*, [US] *foundations*)

ф'ондовый (adj.): Обвал российского **фондового рынка** − результат заговора ЦРУ (*stock market*)

ф'орвард (m.): Не исключено, что ЦБ пытается сбить курс доллара до минимально возможных значений, чтобы крупные российские банки смогли с наименьшими убытками исполнить свои обязательства по валютным **форвардам** перед иностранными банками (*forward deals*)

формиров'ание (n.): По нашей Конституции, **формирование** кабинета – это и обязанность и право Президента (*formation*)

формиров'ать, сформиров'ать: Весь вопрос именно в том, кто **сформирует** правительство и что скажет Госдума? (*will form*)

формиров'аться, сформиров'аться (r.): Что можно сказать о **формирующемся** правительстве? Оно – создание Президента (*being formed, in formation*)

формулир'овка (f.): В коммюнике стороны избегают чётких **формулировок** (*phrases, formulations*)

фото-р'обот (m.): Свидетели опознали преступника когда милиционер показал им **фото-робот** (*photo-fit*)

фр'акция (f.): Любой парламент разделяется на разные партии, блоки и **фракции** (*factions*)

X

х'артия (f.): Многие телекомпаний уже подписали **Хартию телерадиовещателей** (*broadcasters' charter*)

хв'атка (f.): Лишь в последние годы король слегка **ослабил хватку** и даже назначил премьером социалиста (*relaxed his grip*)

хищ'ение (n.): Говорят, что генпрокурор виноват в **хишении** миллиардов рублей (*misappropriation, embezzlement*)

ход (m.): **Ход** Президента в отношении правительства шокировал публику (*move*); **Ход** войны в Чечне удивил даже сторонников интервенции (*course*); Выборы теперь **в полном ходу** (*in full swing*)

ходат'айствовать (impf. and pf.): Стороны договорились **ходатайствовать** перед правительством РФ об увеличении налоговых льгот для СП (*petition*)

хожд'ение (n.): Если не поможет и это, то ЦБ придётся ограничить **хождение** наличной валюты (*circulation*)

хоз'яйственник (m.): В промышленности нам нужно всё больше **хозяйственников** (*managers* – see also **менеджер** and **управленец**)

хоз'яйственный (adj.): Чем неэффективнее **хозяйственный** механизм, тем беднее страна, тем хуже населению (*economic*)

хоз'яйство (n.): Что выгоднее всего на селе? **Крестьянское личное подсобное хозяйство** (*peasants' private plot*)

х'олдинг (m.): Каковы отношения между Газпромом и **холдингом** «Медиа-мост»? (*holding company*)

Ц

ц'арствовать (impf. only): Наверное, ещё долго молодого короля будут рассматривать сквозь призму его отца – монарха, который **и царствовал, и правил** (*both reigned* [was king] *and ruled*)

целев'ой (adj.): Он горит желанием поддержать реальный сектор посредством **«целевой»** эмиссии (*targeted*); Кредиты, выданные МВФ в нынешнем году, были **целевыми** (*earmarked*)

целенапр'авленный (adj.): Вы считаете, что поддержка ГКО – это **целенаправленная** акция? (*expedient*)

целесообр'азность (f.): В разговоре генерал выразил серьёзные сомнения в **целесообразности** сохранения института прямых выборов главы республики (*sense*)

ц'елостность (f.): В этой войне речь идёт о территориальной **целостности** Югославии (*integrity*)

цель (f.): **Цели** миссии Черномырдин не уточнил на вчерашней пресс-конференции (*purpose*)

ц'енность (f.): Свобода прессы, это единственный инструмент для защиты базовых либеральных **ценностей** (*values*)

ц'енный (adj.): Западные инвесторы и владельцы государственных **ценных бумаг** не столь наивны и пассивны, как наше население (*bonds, securities*)

Ч

чек'ист (m.): *political policeman* – derived from **Чека** – see under Abbreviations

челн'ок (m.): Всё, что забрали у **челнока**, у бизнесмена, у производителя – это минус для экономики, потому что всё равно каждый собственник распоряжается капиталом, пусть даже маленьким, гораздо более эффективно, чем Центр (*trader*)

черт'а б'едности (f.): Теперь многим россиянам приходится жить **за чертой бедности** (*below the poverty line*)

чин'овник (m.): Переговоры кончились. Теперь вся работа остаётся **чиновникам** (*functionaries*)

ч'иповый (adj.): Именно осуществление дорогостоящих **чиповых проектов** после кризиса оказалось под угрозой (*microchip designs*)

ч'исленность (f.): Да и нет на земле другой силы, кроме США и НАТО, способной двинуть на нас воздушную армаду **численностью в** полтысячи самолётов (*with a strength of*)

ч'истка (f.): Бомбардировки Югославии развязали руки Милошевичу, который развернул этнические **чистки** в невиданных со времён Второй мировой войны масштабах (*cleansing, purges*)

чистопл'юйство (n.): Кадровые дипломаты в «агенты» не шли по интеллигентскому **чистоплюйству** (*puritanism* – also **чистопл'оство**)

Ш

шант'аж (m.): Этот теракт не что иное, как криминальный **шантаж** общества (*blackmail*)

швы (f. pl.): Белгородская ячейка компартии **затрещала по швам** (*had cracked open at the seams*)

ш'ефство (n.): Знаменитый политический деятель взял **шефство** над младшими коллегами (*supervision, mentoring*)

ш'ирма (f.): Прокурор области 27 июля объявил, что около 30 благотворительных фондов в Ульяновске «служили **ширмой** для отмывания денег» (lit. *screen*, fig. '*front*')

шкал'а (f.): В 1894 г., ссылаясь на бюджетные трудности, английское правительство ввело прогрессивную **шкалу** налогообложения (*scale*)

ш'оковый (adj.): Бывший мэр только что вышел из **шокового состояния** (*state of shock*); **Шоковая терапия** по гарвардскому профессору провалилась (*shock therapy*)

штаб (m.): Заняв должность спикера, он больше не будет нуждаться в партийных оргструктурах, поскольку Дума, как давно доказали коммунисты, является лучшим предвыборным **штабом** (*campaign headquarters*); Надо было проверить хотя бы на уровне **штабов**, как работают новые организационные схемы ([*military*] *staffs*)

штамп (m.): Алкоголики и проститутки голосующие за оппонента – это устойчивый **штамп**, которым пользуются обе стороны (*cliché*)

штраф (m.): **Штрафы** также приводят к увеличению обязательств фирм перед кредиторами (*fines*)

шум'иха (f.): Эта кампания об импичменте ничего не даст людям, это просто политическая **шумиха** (*row*)

Щ

щад'ить, пощад'ить: Президент никогда не **щадит** своих врагов (*shows mercy to*)

щегол'ять, щегольн'уть: Новый премьер любит **щеголять** своей властью (*show off*)

щекотл'ивый (adj.): Для России, Курильские острова – **щекотливый** вопрос в русско-японских отношениях (*ticklish*)

Э

эваку'ация (f.): Россия продолжает **эвакуацию** своих граждан из Сербии (*evacuation*)

эваку'ировать (impf. and pf.): Город бомбили, но все мирные жители были **заблаговременно эвакуированы** и в настоящий момент находятся в безопасности (*evacuated in good time*)

эваку'ация (f.): Россия продолжает **эвакуацию** своих граждан из Сербии (*evacuation*)

эг'ида (f.): Стороны договорились о прекращении огня и о проведении референдума **под эгидой** ООН (*under the aegis of* – N.B. only in this expression)

эксклюз'ивный (adj.): В **эксклюзивном интервью** корреспонденту «Коммерсант-дейли» . . . (*exclusive interview*)

эксперт'иза (f.): Дума решила привести специалистов для **дачи экспертиз** в деле отрешения Президента (*provision of expert testimony*); Останки должны пройти криминалистическую **экспертизу** (*expert examination*)

'экстренный (adj.): Русский премьер сегодня прилетел в югославскую столицу на **экстренные** политические консультации с руководителями этой страны (*urgent*)

электор'ат (m.): Кого вы будете представлять? Кто, как теперь говорится, ваш **электорат**? (*electorate*)

электроснабж'ение (n.): После натовских бомбардировок вся южная часть Югославии находится совсем без всякого **электроснабжения** (*electricity supply*)

эл'ита (f.): 11-ого июля в 21.00 вся политическая **элита** собралась у экранов телевизоров (*élite*)

эмб'арго (n., indecl.): Союзники объявили **эмбарго** на доставку оружия в Югославию (*embargo*)

эмисси'онный (adj.): Интеграция Беларуси и России, о котором так много говорят в данный момент, приведёт непременно к формации единого **эмиссионного** центра (*money-printing*)

эм'иссия (f.): Единственная действительно экономическая политика, к которой правительство РФ может прибегать сегодня – это **денежная эмиссия** (*printing of money*)

эмит'ент (m.): До сих пор по еврооблигациям стабильно платили две столицы (Москва и Санкт-Петербург), остальные **эмитенты** постепенно сходят с дистанции (*issuing authorities*)

эмит'ировать (impf. and pf.): Этот банк, в частности, вчера попросил международную систему VISA блокировать все расчёты по **эмитированным** им картам (*issued*)

энергонос'итель (m.): Чтобы привлечь крупнейшие нефтяные компании Запада к разработке каспийских **энергоносителей**, Каспий нужно было поделить (*energy resources*)

эскал'ировать (impf. and pf.): НАТО, кажется, теперь намерена **эскалировать** свои действия в СРЮ (*escalate*)

эт'ап (m.): Сегодня мы все видим, что Россия находится на новом **этапе** развития (*stage*)

этап'ирование (n.): Прокуратура намерена добиваться **этапирования** обвиняемого в Россию (*escorting*)

эф'ир (m.): Полное отражение политического процесса на наших страницах и в нашем **эфире** всегда считалось «мостовской» медиакорпорацией единственным профессиональным инструментом эффективной защиты либеральных ценностей (*airwaves*)

эшел'он (m.): На предстоящем саммите Евросоюза одним из вопросов будет создание новой должности на высшем **эшелоне** аппарата этой организации (*level*)

Ю

юбил'ей (m.): Вся элита собралась в Кремле чтобы отметить шестидесятилетний **юбилей** президента (*anniversary*)

юрид'ический (adj.): Стороны уже обсуждают **юридические** аспекты сотрудничества в рыбопромысловой отрасли (*legal*)

Я

'яблоко разд'ора (n. + m. gen.): Черноморский флот является **яблоком раздора** между Россией и Украиной (*bone of contention*)

'явка (f.): В РФ требуется 20-процентная **явка** чтобы выборы считались действительными (*turnout*)

яйцегол'овый (m., decl. like adj.): У журналистов, кинематографистов и прочих **яйцеголовых** маловато патриотизма (*eggheads*)

ACRONYMS AND ABBREVIATIONS

а/я	абонементский ящик (*PO Box*)
авиа-	*air* (e.g. авиалиния, *airline*; авианалёт, *air attack*; авиаписьмо, *airmail letter*)
АО	акционерное общество (*Co. Ltd*)
АОЗТ	акционерное общество закрытого типа
АООТ	акционерное общество ограниченного типа
АРБ	Ассоциация российских банков
АЭС	атомная электростанция
БАБ	Boris Abramovich Berezovskii (*a leading 'oligarch'*)
бензо-	*petrol* (e.g. бензоколонка, *petrol station*)
бомж	без определённого места жительства (*of no fixed abode*)
броне-	*armoured* (e.g. бронежилет, *armoured vest*)
ВБ	Всемирный Банк (*World Bank*)
ВВП	валовая всенациональная продукция (*GNP*)
ВВС	военно-воздушные силы (*Russian Air Force*)
вице-	*vice*-, e.g. вице-премьер
ВМФ	Военно-морской флот (*Russian Navy*)
ВПК	военно-промышленный комплекс
врио	временно исполняющий обязанности (*temporary acting*)
ВС	Верховный Суд
ВСМ	высокоскоростная магистраль (*Russian TGV*)
ВУЗ	высшее учебное заведение
ВЦМК	Всероссийский Центр Медициныь Катастроф
ВЭБ	Внешне-Экономический Банк
г.	год
ГАИ	Государственная Автомобильная Инспекция
ген-	генеральный (e.g. генпрокуратура, генштаб)

Acronyms and abbreviations

ГК	Гражданский кодекс
ГКО	государственные кратковременные облигации
ГКС	Государственный Комитет Связи, Госкомсвязи
гор-	городской (e.g. горсуд, горком)
гос-	государственный (e.g. госрегулирование, госдепартамент, *State Department*)
Госкомсвязи	Государственный Комитет Связи (*State Communications Committee*)
Госкомспорт	Государственный Комитет Спорта (*State Sports Committee*)
Госкомстат	Государственный Комитет Статистики (*State Statistics Committee*)
губ-	губернский
Евро-	*Euro-* or *European* (e.g. Еврокомиссия, *European Commission*; Евровидение, *Eurovision*; евростандарт, *European standard* [of design, comfort, quality, strength etc.]; Евросоюз, *European Union*)
евро	*euro* (e.g. евростандарт)
ЕЕВ	единая европейская валюта
ЕС	Европейское Сообщество
ЗАГС	запись актов гражданского состояния
зам-	заместитель (on its own, as in работать замом: in combination, as in зампред, *deputy chairman* or замминистра, *deputy minister*)
и. о.	исполняющий обязанности (*acting*)
и т.д., и т.п.	и так далее, и тому подобное (*etc., etc.*)
избир-	избирательный (e.g. центризбирком)
им.	имени (*named after*/[US]*for*)
кг.	килограмм
км.	километр
КНР	Китайская народная республика
-ком	комитет, e.g. оргком (= организационный комитет), or комиссия, e.g. избирком (= избирательная комиссия)
кор- or -кор	generally, as a prefix, корреспондентский, e.g. корсчёт; as a suffix, корреспондент, e.g. спецкор
КС	Конституционный суд
л.	литр

Acronyms and abbreviations

МБРР	Международный Банк Реконструкции и Развития (*IBRD*)
МВД	Министерство Внутренних Дел (*Russian Home Office*)
МВФ	Международный Валютный Фонд (*IMF*)
МИД	Министерство Иностранных Дел (*Russian Foreign Office*)
Минатом	Министерство Атомной Энергии
Мингосимущества	Министерство государственного имущества
Минздрав	Министерство здравоохранения
Минкульт	Министерство Культуры
Миннац	Министерство национальностей
Минтоп	Министерство топлива и энергетики
Минфин	Министерство Финансов
млд. *or* млрд.	1,000,000,000
млн.	1,000,000
ММББ	Московская Межбанковская Биржа (*Moscow Inter-Bank Exchange*)
ММВБ	Московский Международный Валютный Банк
МПС	Министерство путей сообщения
МЧС	Министерство чрезвычайных ситуаций (*Ministry for Emergencies*)
нарко-:	= *drug-*, *narco-* (e.g. наркобизнес, наркоделец, наркокартель, наркокурьер, наркосделка, наркотрафик)
НАТО	*NATO*
нефте-	*oil* (e.g. нефтепродукты)
НИИ	научно-исследовательский институт
ОАК	Освободительная армия Косова (*KLA*)
ОАО	ограниченное акционерное общество
обл-	областной
ОБСЕ	Организация Безопасности и Сотрудничества в Европе (*OSCE*)
ОВВЗ	облигация внешнего валютного займа
ОМОН	отряд милиции особого назначения
ООН	Организация Объединённых Наций (*UN*)
ООО	общество с ограниченной ответственностью

Acronyms and abbreviations

ОРТ	Общественное российское телевидение (*channel 1 of Russian TV*)
ПВО	противовоздушная оборона
ПДД	правила дорожного движения
ПО	производственное объединение
погранвойска	пограничные войска (*border troops*)
полит-	политический (e.g. политдиректор)
постпред	постоянный представитель
ПРО	противоракетная оборона (*NMDS, National Missile Defence System, 'son of Star Wars'*)
р.	рубль
рай-	районный
РАН	Российская Академия Наук
РАО	Российское Акционерное Общество
РИА	Российское Информационное Агентство
РНИСиНП	Российский независимый институт социальных и национальных проблем
РСФСР	Российская советская федеративная социалистическая республика (predecessor of the Российская Федерация)
руб.	рубль
РУВД	районное управление внутренними делами
РУОП	районное управление органами правопорядка
РФ	Российская Федерация
СБ	Совет безопасности
СВР	Служба внешней разведки (*Russian equivalent of MI6*)
СИЗО	следственный изолятор
СКВ	свободно конвертируемая валюта (*hard currency*)
СМИ	средства массовой информации (*mass media*)
СНГ	Содружество независимых государств (*CIS*)
сов-	совет, e.g. Совбез (Совет безопасности)
соц-	социальный
СП	совместное предприятие
спец-	специальный, e.g. спецназ (*troops*) специального назначения (*Russian equivalent of the SAS*),

Acronyms and abbreviations

	спецпредставитель (*special representative*), спецслужбы (*secret services*)
СРЮ	Союзная Республика Югославии
супер-	*super-*, e.g. супердержава
СФ	Совет Федерации (*upper house of Russian parliament*)
США	Соединённые Штаты Америки (*USA*)
СЭЛТ	система электронных лотовых торгов (*electronic share- and currency-dealing system*)
т.	тонна (*tons*)
т.е.	то есть (*i.e.*)
теле-	as in телеобращение (*televised address/appeal*)
ТОО	товарищество с ограниченной ответственностью
тыс.	тысяча
УК	Уголовный Кодекс
управделами	управляющий делами (*business manager*)
ФАПСИ	Федеральное агентство правительственной связи и информации (*Russian government information service*)
ФБР	Федеральное Бюро Разведывания (*FBI*)
ФНПР	Федерация независимых профсоюзов России (*Russian TUC*)
ФСБ	Федеральная Служба Безопасности
ФСНП	Федеральная Служба Налоговой Полиции
ЦБ	Центральный Банк (also sometimes Центробанк)
центр-	центральный (e.g. центризбирком)
ЦРУ	Центральное Разведывательное Управление (*CIA*)
Чека	abbreviated from the initials of **Ч**резвычайная **К**омиссия по борьбе с контрреволюцией, саботажем и спекуляцией, the first Soviet political police organization
ЧП	чрезвычайное происшествие ог положение
ЧЭС	Черноморский Экономический Союз
ЭВМ	электронная вычислительная машина (*computer*)
экс-	*ex-*, e.g. экс-министр
ЮАР	Южно-африканская республика

NAMES OF RUSSIAN POLITICAL PARTIES

Аграрии	*party led by Nikolai Kharitonov*
Вперёд Россия	*party led by Boris Fedorov*
Вся Россия	*party formed from Отечество and Российские регионы*
Голос России	*party headed by Mintimer Shaimiev and Konstantin Titov*
Духовное наследие	*political movement led by Aleksei Podberiozkin*
Единство	*electoral bloc headed by Sergei Shoigu and including a number of provincial governors, supportive of the Russian President*
КП	Коммунистическая Партия (e.g. КПРФ – Коммунистическая Партия Российской Федерации)
КРО	Конгресс Русских Общин (*Russian nationalist party*)
ЛДПР	Либерально-Демократическая Партия России (*Russian nationalist party led by Vladimir Zhirinovskii*)
Народовластие	*party led by Nikolai Ryzhkov and Stanislav Govorukhin*
НДР	Наш Дом Россия (*party led by Viktor Chernomyrdin and Aleksandr Shokhin*)
Новая сила	*party of Sergei Kirienko*
О-ВР	Отечество-вся Россия (*pro-Luzhkov electoral bloc*)
Отечество	*party led by Vladimir Luzhkov*
Правое дело	*party of Anatolii Chubais, Egor Gaidar and Boris Nemtsov*
республиканская партия	*led by Nikolai Lysenko*
РНЕ	русское национальное единство (*extreme-right party led by Aleksandr Barkashëv*)
Российские регионы	*party formed by provincial governors and headed by Oleg Morozov*
Союз правых сил	*right-wing electoral bloc headed by Anatolii Chubais, Boris Nemtsov and Sergei Kirienko*
Честь и родина	*party formed by Aleksandr Lebed'*
Яблоко	*party led by Evgenii Iavlinskii*